Die Traumreise im langsamsten Schnellzug der Welt

Hans Eckhart Rübesamen

Glacier Express ✚

Ein kostenloses Gesamtverzeichnis erhalten Sie beim
Bruckmann Verlag (GeraMond Verlag)
D-81664 München

www.bruckmann.de

Lektorat: Diana Thaler
Layout: Willy Aschermann
Herstellung: Bettina Schippel

Alle Angaben dieses Werkes wurden vom Autor sorgfältig recherchiert und auf den aktuellen
Stand gebracht sowie vom Verlag geprüft. Für die Richtigkeit der Angaben kann jedoch keine
Haftung übernommen werden. Für Hinweise und Anregungen sind wir jederzeit dankbar.
Bitte richten Sie diese an:
Bruckmann Verlag
Lektorat
Innsbrucker Ring 15
D-81673 München
e-mail: lektorat@bruckmann.de

Titelbild: Ronald Gohl

Die Deutsche Bibliothek – CIP Einheitsaufnahme
Ein Titeldatensatz für diese Publikation ist bei der Deutschen Bibliothek erhältlich.

© 2003 Sconto by Bruckmann Verlag GmbH, München

© 2001 Bruckmann Verlag GmbH

Vorwort

Verehrter Leser,
verehrte Leserin,

ich versuche mir vorzustellen, wo und wie Sie sich in dem Augenblick befinden, da Sie dieses Buch zum erstenmal in die Hand nehmen:

1. Sie haben die Fahrt mit dem Glacier-Express schon hinter sich, haben den Band zur Erinnerung mitgenommen und fahren jetzt die ganze Strecke genüsslich im Geiste noch einmal ab. Sehr gut!

2. Sie haben die Fahrt noch vor sich, die Anreise vielleicht auch, und benutzen das Buch, um sich auf das, was Sie sehen und erleben werden, vorzubereiten. Noch besser!

3. Sie sitzen bereits im Zug, weil Sie das Buch erst am Bahnhofskiosk entdeckt haben, als Sie eigentlich nur eine Zeitung oder Zigaretten kaufen wollten. Auch gut! Aber Sie werden Ihre Aufmerksamkeit zwischen dem unmittelbaren Fahrterlebnis und der Lektüre teilen müssen, was Ihnen eine gewisse geistige Beweglichkeit abverlangen wird. Die »Macher« des Buches haben sich bemüht, Ihnen die Orientierung nach Möglichkeit zu erleichtern.

Ob Sie aber auch zum Fall eins, zwei oder drei gehören – ein Licht wird Ihnen unverzüglich aufgehen. Es ist die erleuchtende Erkenntnis, dass Sie wiederkommen müssen!

Denn was in den gut siebeneinhalb Fahrtstunden vor Ihren Augen wie ein Film abläuft (abgelaufen ist), ist eine Flut von Bildern, von Eindrücken, wie es sie schöner und aufregender auf dieser Erde wohl nicht gibt. Kein Verkehrsverein bezahlt mich dafür, dass ich in seinem Namen kräftig auf die Werbepauke haue. Doch allein Anfang und Ende dieser Fahrt – Sankt Moritz und Zermatt oder Zermatt und Sankt Moritz – werden von Superlativen markiert, die im Alpenraum nicht zu überbieten sind. (Fragen Sie einmal in Kalifornien oder Japan herum, was man in den Alpen gesehen haben muss!) Und was dazwischenliegt, verbunden nur durch die Gleise, auf denen unser Express gemächlich dahineilt – Gletscher, Gipfel, Pässe, Täler, Flüsse, Seen, Dörfer und Städte, Schlösser und Klöster, nicht zu vergessen Viadukte, Tunnels und Kehrschleifen – das reiht sich aneinander wie eine Kette voller Kostbarkeiten, die zu zählen man bald aufgibt.

Wie wollen Sie alles mitbekommen, ohne wiederzukommen? Damit wir uns recht verstehen: Ich möchte Sie, wenn ich nun die Fülle der Phänomene vor Ihnen ausbreite, nicht entmutigen. Im Gegenteil, ich möchte Sie animieren, sich jetzt schon zu überlegen, wo Sie das nächste Mal Station machen wollen, für ein paar Stunden, ein paar Tage, ein paar Wochen ... Soll es vor Beginn der Fahrt sein, im Anschluss daran, oder irgendwo unterwegs? An Anregungen, hoffe ich, wird es nicht fehlen. Und so könnten – ich wünsche es Ihnen – die siebeneinhalb Stunden im Glacier-Express zum unvergesslichen Vorspiel für eine lebenslange Liebesaffäre werden.

Hans Eckart Rübesamen

Inhaltsverzeichnis

Der Glacier-Express auf einen Blick   9

Sankt Moritz
und das Oberengadin   10
Weltberühmt durch Wintersport   10
Blick übers Oberengadin   14
Vom Malojapass abwärts   16
Pontresina und die Bernina   20
Essen und Trinken im Oberengadin   22

Vom Inn zum Rhein   23
Abschied vom Engadin   23
Die Albula-Linie   26
Bergün – ein Ort zum Wiederkommen   29
Von Bergün nach Thusis   31
Am Hinterrhein   38

Chur   41
Vergangenheit und Gegenwart   41
Essen und Trinken in Chur   43
Die Hauptstadt des Kantons Graubünden   44

Vom Rhein zur Rhone   46
Durch das Vorderrheintal   46
Disentis – ein Kloster in der Wildnis   51
Über den Oberalppass   57
Andermatt an der Gotthardstraße   63
Unter dem Furkapass hindurch   68

Im Kanton Wallis   71
Durch das obere Rhonetal,
auch Goms genannt   72
Das Goms – ein Tal zum Wiederkommen   75
Unterhalb der Aletschregion.
Von Fiesch nach Brig   79
Brig – die Stadt am Fuß des Simplon   82
Essen und Trinken im Wallis   84
Letzte Etappe: Das Vispertal   85
Kleine Exkursion nach Saas-Fee   86
Zermatt und der Berg der Berge   88

Register   94
Bildnachweis   96

Bild links: Der Glacier-Express
bei Niederwald im Rhonetal

Der Glacier-Express auf einen Blick

Entfernung Sankt Moritz – Zermatt:	291 km
Anteil der Rhätischen Bahn:	150,35 km
Anteil der Furka-Oberalp-Bahn:	96,67 km
Anteil der Brig-Visp-Zermatt-Bahn:	43,98 km
Fahrzeit Sankt Moritz – Zermatt:	7 Std. 48 Min.
Fahrzeit Zermatt – Sankt Moritz:	7 Std. 42 Min.

Höhen über dem Meer:

Sankt Moritz	1856 m
Chur	585 m
Oberalppass	2033 m
Andermatt	1436 m
Brig	671 m
Zermatt	1605 m

Spurweite:	durchgehend 1000 mm

Zahnradstrecken:

18,5 km zwischen Disentis und Brig

7,6 km zwischen Brig und Zermatt

Brücken, Viadukte:	291
Tunnels:	91
Furka-Basistunnel:	15,4 km

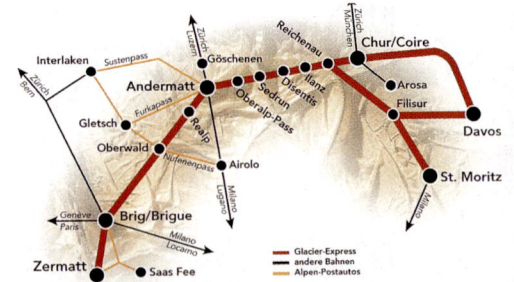

Sankt Moritz und das Oberengadin

Weltberühmt durch Wintersport

Womit fängt man an in Sankt Moritz? Mit dem schiefen Turm? Mit der dreitausend Jahre alten Badequelle, an der schon die Ureinwohner und Gäste von auswärts Heilung gesucht haben? Oder ist wieder ein Superlativ fällig: »Das berühmteste Dorf der Welt«? An dem habe ich freilich meine Zweifel. Lourdes und Oberammergau hätten da mindestens ebenso gute Chancen. Auch würde ich den Ort mit seinen vier Fünf-Sterne-Hotels – Zürich hat übrigens auch vier – nicht mehr als Dorf bezeichnen wollen. Doch man soll es sich nicht unnötig schwer machen. Fangen wir also an mit dem, der Sankt Moritz zu einer Weltberühmtheit unserer Zeit gemacht hat: mit dem Wintersport.

Im Winter 1984/85 ist hier ein werbeträchtiges Jubiläum inszeniert worden: »100 Jahre Cresta Run – 100 Jahre Wintersport in der Schweiz«. Doch das eigentliche Geburtsjahr des Wintersports, und nicht nur in der Schweiz, liegt noch länger zurück. Bis 1864 war Sankt Moritz nur eine Sommerfrische gewesen, wie bereits manch anderer Ort in den Alpen. Damals hatte der ehrbare Gastwirt Johann Badrutt eine Idee und riskierte eine kostspielige Wette, um seine englischen Sommergäste auch in den Glanz und die Wärme der Engadiner Wintersonne zu locken: Er stiftete ihnen freien Aufenthalt in seinem Haus von Weihnachten bis Ostern, wenn ihnen der Winter im Engadin nicht viel besser gefiele als der

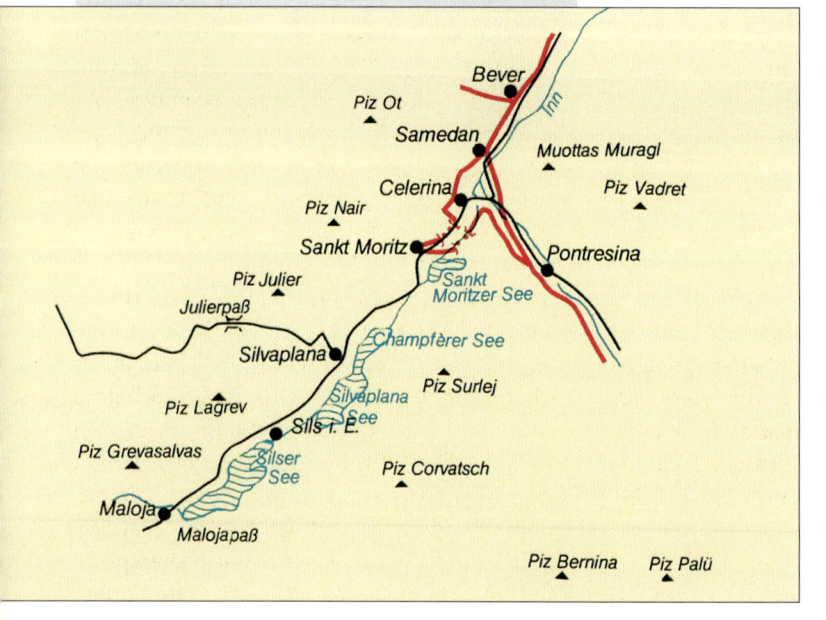

Zu den Spezialitäten von St. Moritz zählen die winterlichen Pferderennen

Sommer in London. Halb schneeblind kamen die Briten Anfang Januar in Sankt Moritz an, weil sie im weihnachtlichen London begreiflicherweise nicht daran gedacht hatten, ihre Sonnenbrillen einzupacken. Badrutt empfing sie hemdsärmelig vor seinem Haus. Und damit war das Schicksal des Engadins entschieden. Im Winter darauf strömten bereits über hundert Inselbewohner der Sonne von Sankt Moritz entgegen. Die Rechnung des schlauen Wirts war glänzend aufgegangen.

Auch weiterhin hat Sankt Moritz sich als, wenn man so sagen darf, kreatives Pflaster in Sachen Wintersport erwiesen. Im Jahr 1880 gründeten die Briten einen Curling-Club und trugen das erste Curling-Match auf kontinentalem Boden aus. 1884 ließen sie eine künstliche Schlittenbahn anlegen, den berühmt-berüchtigten Cresta-Run. Dem Cresta-Club – mit Sitz in London – anzugehören, ist noch heute eine der höchsten gesellschaftlichen Auszeichnungen, deren

»Mann« teilhaftig werden kann. (Frauen sind auch in der Bahn nicht zugelassen, da man diese für zu gefährlich hält.) Um 1890 wurde die Urform des Bobschlittens in Sankt Moritz entwickelt. Und 1895 haben eifrige Hüpfer einen Schneehügel zusammengeschaufelt, um die erste Skispringkonkurrenz auszutragen. Angesichts der bis zu fünfzehn Meter weiten Sprünge stiegen zahlreichen Zuschauern, wie ein Augenzeuge berichtete, »die Haare zu Berge«.

Um die Jahrhundertwende hatte das sportliche und gesellschaftliche Leben von Sankt Moritz, nach wie vor unter Führung der Briten, einen Höhepunkt erreicht, der alles in den Schatten stellte, was sich damals sonst noch in den Alpen tat. Die traditionelle Führungsrolle hat der Ort bis zum heutigen Tag fest im Griff behalten. Wenn er sich mit dem stolzen Prädikat »Weltweit die Nummer eins im Wintersport« schmückt, dann ist das nicht der flotte Spruch eines Kurdirektors, sondern nichts als die reine Wahrheit. In Sankt Moritz sind zweimal (1924 und 1948) die Olympischen Winterspiele ausgetragen worden und viele Weltmeisterschaften in verschiedenen Sportarten. Es gibt praktisch nichts, was es hier nicht gäbe: Bob, Skeleton, Curling, Eislauf, Langlauf, Drachenfliegen, Skispringen, ja sogar Golf, Polo und Pferderennen auf dem zugefrorenen Sankt Moritzer See! Dabei ist, ganz bewusst, von der populärsten aller Wintersportarten noch gar nicht die Rede gewesen: vom Skifahren auf und neben der Piste mit all seinen »trendigen« Varianten wie Snowboarden, Carven usw. Der Hausskiberg von Sankt Moritz ist die Corviglia mit Piz Nair, Marguns und allem, was dazugehört; ein Pistenrevier, das die Wünsche aller erfüllt, der Anfänger, der Mittelklassefahrer und der Asse. Doch man muss die ganze Region einbeziehen: den Piz Corvatsch bei Surlej, die Furcellas bei Sils, die Diavolezza und die Lagalb oberhalb von Pontresina – ein abwechslungsreiches, sportlich interessantes und landschaftlich überwältigendes Riesenrevier. Es gibt Fans, die Zermatt, die Orte am Arlberg oder französische Großstationen vorziehen. Das ist dann nur noch Geschmackssache. Doch zu den »Top Ten«, vielleicht gar zu den »Top Five«, gehört auch das Skigebiet des Oberengadins; darüber ist alle Welt sich einig.

Von Anfang an ist Sankt Moritz Treffpunkt der »feinen Gesellschaft«, der »Snobiety«, des »Jet-Set«, oder wie immer man das nennen will, gewesen. Und noch heute findet man an keinem anderen Wintersportplatz so viel Prominenz, ob hochkarätig oder halbseiden, wie hier. Geburts- und Geldadel, Weltstars und Playgirls verbinden sich zu einer raffinierten Amüsier- und Partymischung, die einzigartig ist. Das gilt speziell für die beiden Wochen nach Weihnachten und für den Februar. Außerhalb dieser Zeiten geben auch in Sankt Moritz »normalsterbliche« Wintersportler den Ton an; nur gut bei Kasse müssen sie sein.

Winterabend in St. Moritz

Standseilbahn St. Moritz

Blick übers Oberengadin

Die Wintersaison im Oberengadin dauert bis Ende April, der Winter selbst oft länger. Für den kurzen, wetterwendischen Frühling entschädigen ein herrlicher Sommer und ein farbenprächtiger Herbst. Zeit genügend also, unser Blickfeld auf das ganze Oberengadin auszuweiten!

Wenn man sagen kann, dass der Wintersportort Sankt Moritz vor allem ein Produkt einfallsreicher Briten mit Sportsgeist und cleverer Einheimischer mit ausgeprägtem Geschäftssinn ist, ein Werk von Menschen also, denen die Natur günstige Rahmenbedingungen geliefert hat, dann muss man auch sagen, dass das Oberengadin ein herrliches Geschenk der Natur ist, an dem den Menschen allenfalls das Verdienst zukommt, es (noch) nicht kaputtgemacht zu haben. Doch sehen Sie selbst:

Muottas Muragl heißt ein bescheidener Bergrücken zwischen Samedan und Pontresina, der aber den umfassendsten und instruktivsten Blick über das Oberengadin bietet; denn er liegt genau in der Verlängerung der Seenkette, die, durch den jungen Inn verbunden, am Malojapass beginnt und vor Sankt Moritz endet. Fahren wir also gemeinsam hinauf mit der guten alten Standseilbahn, einer der ältesten in den Alpen (Baujahr 1907)!

Am schönsten ist es hier oben am späten Nachmittag, im Gegenlicht der untergehenden Sonne, wenn die Seen wie Perlmuttschalen silbern heraufschimmern. Umrahmt werden sie von Wiesen und Wäldern in zauberhaften Farbschattierungen, überragt von den stolzen Gipfeln beiderseits des Julierpasses (Piz Julier, 3380 m) zur Rechten, von den eisigen Häuptern der herrlichen Bernina zur Linken, die mit dem Piz Bernina (4029 m) den höchsten Punkt der Ostalpen bilden. Ein Bild

Gletscher und schneebedeckte Gipfel – traumhaftes Oberengadin

von erhabener Harmonie und für viele der schönste Ausblick der Welt.

Vor hundert Jahren muss dieses Bild freilich noch harmonischer gewesen sein. Denn die Menschen, die damals hier gelebt haben, die meisten in Armut, hatten keine Möglichkeit, sich die Landschaft zu unterwerfen, wie wir es heute tun oder zumindest geschehen lassen. So ist nicht zu übersehen, dass dem Tourismus, dem wichtigsten Wirtschaftsfaktor des Oberengadins, Tribut gezollt werden musste. Doch dieser Tribut hält sich in Grenzen. Und seien wir ehrlich: Hätten wir ohne Tourismus den Weg hierher gefunden? So hat alles seinen Preis. Es wird nur höchste Zeit, dass wir im Verbrauch von Natur endlich kostenbewusster werden!

Fast hundert Jahre ist es her, dass der Maler Giovanni Segantini, aus Arco am Gardasee kommend, sich von der großen Landschaft des Oberengadins zu seinen Bildern inspirieren ließ, in denen er immer aufs neue versucht hat, die Schönheit, das Licht und die Reinheit dieser Landschaft festzuhalten. Seine berühmtesten Werke – »Werden, Sein, Vergehen« genannt – sind im sehenswerten Segantini-Museum zu Sankt Moritz ausgestellt: allegorische Darstellungen vom Leben in den Bergen, für die es Vergleichbares in der Malerei nicht gibt. Im Alter von erst 41 Jahren starb Segantini an einer Blinddarmentzündung auf dem Schafberg, auf den er sich zurückgezogen hatte, um ungestört arbeiten zu können.

Der Schafberg ist der unmittelbare Nachbar von Muottas Muragl, in Fahrtrichtung gleich links vor unserem Standort. Die Hütte, die wir auf ihm sehen können, heißt Chamanna Segantini. Ich erwähne das ausdrücklich, weil ich Sie noch zu einer der schönsten und bequemsten Bergwanderungen einladen möchte, die man im Oberengadin machen kann: Von Muottas Muragl führt ein Weg ohne wesentliche Steigungen – oder en zweiter, der aber mühsamer ist, über den Schafberg hinweg – am Rande der Waldgrenze nach Süden, immer auf das grandiose Panorama der Bernina zu. Wenn Sie zwei bis drei Stunden Zeit und einigermaßen feste Schuhe haben, sollten Sie diesen Weg unbedingt gehen! (Wo der Weg endet, an der Alp Languard, können Sie mit einem Sessellift nach Pontresina hinunterschweben.)

Vom Malojapass abwärts

Das Engadin zwischen Malojapass und Vinadi an der österreichischen Grenze ist hundertzehn Kilometer lang; es gliedert sich in ein unteres und ein oberes Engadin. Die »Punta Ota« zwischen Cinuos-chel und Brail ist die historische Grenzlinie zwischen den beiden Teilen des Tales. Nachdem wir von der Höhe der Muottas Muragl einen Einblick in die Landschaft des Oberengadins gewonnen haben, begeben wir uns zum Malojapass, um Orte, Seen, Berge und Täler jetzt aus der Nähe kennenzulernen.
Der Malojapass (1815 m) ist genaugenommen ein halber Pass; den er hat nur eine Aufstiegs-

rampe. In steilen Serpentinen windet sich die Straße aus dem Bergell (Val Bregaglia) zur Passhöhe hinauf. Doch auf der Engadiner Seite geht es durchaus nicht ebenso bergab. Das Gefälle des Tales ist so gering, dass es fast unbemerkt bleibt. Besteigen Sie den Felsen gegenüber dem Hotel »Maloja-Kulm« und genießen Sie den herrlichen Blick in das tief eingeschnittene Bergell mit seinen abweisenden Gipfeln, seinen wilden Zacken und Graten!
Maloja ist ein Passort und zeichnet sich, wie die meisten Orte, die an einem Pass gelegen sind, nicht durch besondere Schönheit aus. Auf dem kleinen Dorffriedhof kann man das Grab des Malers Segantini sehen, der die letzten fünf Jahre vor seinem Tode hier gelebt hat. Doch für die meisten ist Maloja nur als Ausgangsort für vielerlei Unternehmungen – im Sommer wie im Winter – von Interesse. Von hier aus wandert man ins Piz-Lunghin-Gebiet, ins Fornotal und ins Bergell. Hier beginnt vor allem auch die herrliche Wanderung über die »Via Engiadina«, auf der man in sechs, sieben Stunden fast ohne Steigung ins Gebiet oberhalb von Sankt Moritz kommt.
Im Winter aber zieht Maloja noch mehr Menschen an. Hier beginnen nämlich in breiter Front die nahezu endlosen Loipen, die das Oberengadin, seit der Langlauf in Mode kam, zu allem Überfluss auch noch zum weitläufigsten und attraktivsten Langlaufrevier der Alpen gemacht haben. Schließlich ist Maloja der Startplatz für das spektakuläre Ereignis, das sich alljährlich am zweiten Sonntag im März mit ständiger Teilnehmerzahl abspielt: der »Engadiner Skimarathon«, anlässlich dessen mittlerweile an die zwölftausend ehrgeizige, mehr oder weniger drahtige und ausdauernde Langläufer in die Loipe gehen. Natürlich kommen nicht alle im 42 Kilometer ent-

Kein Wunder, dass die Schweiz das ganze Jahr über beliebt ist

Blick auf Maloja im Sommer

fernten Ziel bei Zuoz an. Doch das stolze Gefühl, dabeigewesen zu sein, wiegt offenbar alle Mühsal und allen Verdruss (ausgelöst durch den Massenauftrieb) auf. Geheimtipp: Man kann die großartige Strecke auch im Alleingang genießen!

Zwischen Maloja und Sils erstreckt sich der erste der Oberengadiner Seen, der Silser See. Wer auf seiner Südseite entlang wandert, kommt zur Hauptinsel Isola, auf der eine uralte Almsiedlung steht. Diese Hochalpe, auch »Maiensäß« genannt, gehört Bauern aus dem Bergell, die während des Sommers ihr Vieh im dahinter liegenden Val Fedoz weiden lassen. Ein anderes Sommer-Alpdorf kuschelt sich jenseits und oberhalb des Sees in eine idyllische Wiesenmulde: Grevasalvas. Als Schauplatz des internationalen Erfolgsfilmes »Heidi« (nach dem Buch von Johanna Spyri) ist sein Anblick selbst dort bekannt, wo man von den Alpen wenig und vom Engadin gar nichts weiß.

Sils mit seinen beiden Ortsteilen Sils Baselgia (Basilika = Kirche) und Sils Maria (Maiora = Gutshof, Meierei) breitet sich auf der Landbrücke zwischen Silser See und Silvaplaner See aus. Der Doppelort profitiert nicht allein von seiner schönen Lage, sondern auch von seinen sehenswerten Baudenkmälern. Zu ihnen gehören die spätromanische Lorenzkirche in Baselgia, die barocke Kirche von Maria und zahlreiche Wohnhäuser im Engadiner Stil. Das Nietzsche-Haus erinnert daran, dass Friedrich Nietzsche zwischen 1881 und 1888 sieben Sommer in Sils Maria verbrachte und hier seinen »Zarathustra« geschrieben hat. Nietzsche, der schwierige Philosoph, ist auch im Engadin nicht glücklich geworden. Doch in seinen Briefen finden wir zahlreiche Hinweise darauf, dass er dessen Schönheit sehr genau erkannt und zu würdigen gewusst hat. Sein Satz »Das Engadin ist die Heimat aller silbernen Farbtöne in der Natur« hat ihn ungewollt zum vielzitierten Werbetexter der Region gemacht. Sein Lieb-

Zum Baden sind die Gebirgsseen leider meist zu kalt

Fenster bedeuten Dauerhaftigkeit, Widerstandsfähigkeit, Sicherheit und Wärme. Doch die Details lockern den strengen Eindruck auf. Das Engadiner Haus ist berühmt für seine abwechslungsreiche, phantasievolle Fassadengestaltung. Mit Schnitzereien versehene hölzerne Tore, bemalte Erker, schmiedeeiserne Gitter und Beschläge und vor allem die üppige Sgraffito-Dekoration, bei der die dargestellten Motive aus dem feuchten Verputz herausgekratzt sind, bezeugen den hochentwickelten Kunstsinn und Kunstverstand der Engadiner. Wohnhaus, Scheune und Stall sind unter einem Dach vereint. Das mächtige Portal führt in den großen Vorraum, den Sulèr, in den Sie vielleicht einmal im Vorübergehen einen Blick werfen können, wenn Sie sonst keine Gelegenheit haben, ein solches Haus von innen zu sehen. A propos: Sehr lohnend ist ein Besuch des Engadiner Museums in Sankt Moritz! In der reichen Sammlung alter Volkskunst sind besonders eindrucksvoll die Beispiele von bäuerlichen Küchen und Wohnräumen (stüva) aus verschiedenen Jahrhunderten, die man hier zusammengestellt hat.

Silvaplana heißt der nächste Ort auf unserem Weg talabwärts. Er liegt dort, wo die Straße zum Julierpass das Engadin verlässt, und außerdem ausgesprochen malerisch zwischen zwei Seen: dem Silvaplaner See und dem Champfèrer See. Hier sieht man deutlich, dass die »Seenplatte« ursprünglich ein einziger See gewesen ist, den der im Lauf von Jahrtausenden von den Bergen angeschwemmte Schutt zerstückelt hat. Die beiden Seen werden nur durch einen schmalen Damm getrennt, über den die Straße von Silvaplana nach Surlej führt. Die stolze »mittelalterliche« Burg am Seeufer, an der wir vorüberkommen, ist leider noch nicht einmal einhundert Jahre alt. Ein deut-

lingsplatz war die Spitze der Halbinsel Chastè am Silser See, wo ein Zarathustra-Wort in die Felsplatte gemeißelt ist: »Oh Mensch! Gib acht! Was spricht die finstre Mitternacht ...«
Oberhalb von Sils Maria zieht sich das Fextal zu den eisbedeckten Gipfeln der Bernina hinauf, eine der landschaftlichen Kostbarkeiten des Oberengadins. Dank einer engagierten Bürgerinitiative im Ort, die auch von vielen Feriengästen unterstützt worden ist, konnte das Tal vom motorisierten Ausflugsverkehr, von Hochspannungsmasten und anderen technischen Überbauungen freigehalten werden. Den Vorteil davon haben die Natur- und Kunstfreunde, ob sie nun zur romanischen Kapelle in Cresta mit ihren spätgotischen Fresken pilgern oder bis zum eindrucksvollen Talschluss in die Nähe der Gletscher vorstoßen.
In Sils begegnen uns zum erstenmal die typischen Engadiner Häuser, die uns auf der Fahrt mit dem Glacier-Express bis über den Albulapass hinaus begleiten werden. In ihrer ernsten Schönheit wirken sie der Gebirgswelt ungemein harmonisch angepasst. Dabei haben ihre Erbauer in erster Linie an die praktischen Erfordernisse gedacht: Starke Mauern, wuchtige Dächer und schießschartenartig verkleinerte

scher General hat sie anno 1908 im neuromanischen Stil – offenbar nach den Träumen seiner Kinderzeit – erbauen lassen.

Surlej ist Talstation der Bergbahn auf den Piz Corvatsch, den Renommierskiberg des Oberengadins. Auf den Firnhängen unterhalb der Bergstation (3300 m) können Unentwegte den Sommer zum Winter machen und auch im Juli über die Pisten rutschen; man nennt das ein Ganzjahresskigebiet. Rund um den Corvatsch breitet sich ein großartiges Wanderrevier aus. Die schönste Tour, wenn es nicht so anstrengend sein soll: Steigen Sie von der Mittelstation Murtèl zur Fuorcla Surlej auf! Das ist ein zahmer Bergsattel mit Hütte, Bergsee und einem umwerfenden Blick auf die zum Greifen nahen Eisriesen der Bernina. Genießen Sie diesen Ausblick in aller Ruhe und steigen Sie dann jenseits des Sattels ins Rosegtal ab, wo Sie im Hotel Roseggletscher wiederum rasten und notfalls auch einen Pferdewagen nach Pontresina mieten können. Gehzeit je nach Laune zwischen zwei und fünf Stunden.

Zurück zur Seenplatte! Hier ist noch etwas Wassersportliches nachzutragen. Die Seen sind zum Baden (für nicht besonders Abgehärtete) zu kalt, bei Jollenseglern aber sehr beliebt und neuerdings zum Traumrevier für Surfer geworden. Segler und Surfer nutzen nämlich die Beständigkeit des Malojawindes, der an Schönwettertagen ziemlich regelmäßig vom Pass her talwärts weht. Er erhebt sich sanft um die Mittagszeit, erreicht seine größte Stärke zwischen 14 und 16 Uhr und schläft gegen 19 Uhr wieder ein. Auch Segel- und Drachenflieger machen sich seine Stetigkeit zunutze.

Der Abstand zwischen Champfèrer See und Sankt Moritzer See ist der größte innerhalb der Seenplatte – groß genug, dass sich Sankt Moritz-Bad mit seinen Hotels, Appartementblocks, Sportanlagen und sonstigen touristischen Einrichtungen breit machen konnte. Schön ist es nicht; trotzdem wird es von vielen als Plattform für zahlreiche sportliche Aktivitäten oder auch zur Kur geschätzt.

Sankt Moritz-Bad hat bekanntlich schon als Heilbad Karriere gemacht, als noch kein Mensch an Sommerfrische, geschweige denn an Wintersport dachte. Als man im Jahr 1908 die Fassung der Heilquelle erneuern wollte, stieß man nicht nur auf eine bronzezeitliche Quellfassung (vermutlich 1000 v. Chr.), sondern auch auf Waffen und Geräte, die darauf schließen lassen, dass sich damals schon Badegäste von auswärts der Heilquelle bedient haben. Die Fundstücke liegen heute, zusammen mit einem Rekonstruktionsmodell, im Engadiner Museum von Sankt Moritz.

Weitere Nachrichten aus dem Heilbad sind erst wieder aus dem 16. Jahrhundert überliefert. Kein Geringerer als der berühmte Naturforscher und Arzt Paracelsus besuchte 1535 Sankt Moritz und äußerte sich überaus lobend: »Ein Sauerbrunnen, den ich über alle stelle, die ich in Europa erfahrne habe, ist im Engadin zu

St. Moritz kann mit vier Fünf-Sterne-Hotels aufwarten

Blick über die Bernina-Bahn zum Piz Morteratsch

St. Moritz. Wer dieses Wasser trinkt, wie es einer Arznei gebührt, der kann von Gesundheit reden.« Die weitere Entwicklung des Heilbades konnte in den folgenden, unruhigen Jahrhunderten natürlich nicht ungestört verlaufen. Doch im 19. Jahrhundert, als die Badekur in der feinen Gesellschaft zur Mode wurde, erreichte auch Sankt Moritz-Bad seinen Höhepunkt. Von 1875 an etwa war es in aller Welt als mondäner Kurort bekannt. Einige Hotelpaläste aus dieser Zeit haben bis in die Gegenwart überlebt.

Der heutige »Steckbrief« von Sankt Moritz-Bad sieht so aus: Höchstgelegenes Heilbad der Schweiz mit den stärksten kohlensäurehaltigen Eisenquellen Europas. Modernes Heilbadzentrum, in dem neben der Mineralquelle, die vor allem als Badewasser genutzt wird, auch das Alpenmoor und das intensive Reizklima dieser Höhenlage therapeutisch eingesetzt werden. In dieser Kombination werden alle Funktionen des menschlichen Organismus stimuliert, insbesondere aber Atmung, Kreislauf und Blutbildung.

Wir lassen Sankt Moritz-Dorf, in dem wir uns ja bereits umgesehen haben, im wahrsten Sinne des Wortes links liegen und begeben uns am Stazer See, einem letzten kleinen Anhängsel der Seenplatte, vorbei in das zum Berninapass führende Seitental.

Pontresina und die Bernina

Pontresina ist ein Ort mit eigenem, unverwechselbaren Charakter, weder mondän und dominant auf allen Gebieten wie Sankt Moritz, noch dörflich wie Sils oder Celerina. Es ist, wie schon die Silhouette der ansehnlichen Hotels erkennen lässt, ein Kurort in bester schweizerischer Tradition und mit ausgeprägt sportlicher Note. Das ursprüngliche Pontresina, das bereits 1139 genannt wird, ist durch einen großen Brand zerstört worden – mit Ausnahme, glücklicherweise, des außerhalb stehenden Bergkirchleins Santa Maria, das herrliche Wandmalereien aus dem 13. und 15. Jahrhundert birgt, und des fünfeckigen Spaniola-Turmes, der angeblich aus der Sarazenenzeit stammt.

Anders als Sankt Moritz erhebt Pontresina keinen Anspruch darauf, dass es hier nichts gibt, was es nicht gäbe. Seinen Gästen ist vor allem der direkt Zugang zu den Schönheiten der Bergnatur wichtig, in dessen Zentrum es liegt. Das Bergwander- und alpine Hochtourenge-

Wie auf der Modellbahn: Zu den Höhepunkten der Berninabahn gehört dieser Kreisel bei Brusio, gebaut, um einen großen Höhenunterschied zu überwinden

Morgenstimmung beim Bernina Hospiz

biet ringsum ist praktisch unerschöpflich. Wer nicht hoch hinaus will, kann durch die Lärchen- und Arvenwälder des Bernina- und des Rosegtales wandern; in der nächsthöheren Region ist die Alp Languard Ausgangsort für zahlreiche und abwechslungsreiche Höhenwanderungen, auf der einen Seite in Richtung der (uns schon bekannten) Muottas Muragl, auf der anderen Seite in Richtung Berninapass. Und schließlich die Bernina selbst, von Walter Flaig zum »Festsaal der Alpen« ernannt und für manchen die schönste Gebirgsgruppe im ganzen Alpengebiet. Sie gehört noch zu den Ostalpen, deren höchster Gipfel der Piz Bernina (4049 m) ist. Andere Berühmtheiten sind der Piz Palü (3905 m) und der Piz Roseg (3937 m). Auch die Gletscher der Bernina-Alpen haben Weltruf, insbesondere der Rosegggletscher, der am Piz Glüschaint entspringt, und der 7,5 Kilometer lange Morteratschgletscher, dessen Zunge erst auf 2100 Meter Höhe endet, nicht weit entfernt von der Bahnlinie und der Straße zum Berninapass.

Erstaunlicherweise sind die Berge der Bernina erst verhältnismäßig spät »entdeckt« worden. Doch längst lassen Routen wie der Bumiller-Pfeiler am Piz Palü, der unendlich oft fotografierte Biancograt am Piz Bernina oder die Nordostwand des Piz Roseg die Herzen guter Eiskletterer höher schlagen, und manche Spezialführen, von denen nur die Eingeweihten wissen, erst recht.

Aber auch auf weniger exponierten Wegen kann man die Herrlichkeit der Bernina kennenlernen. Sechs Unterkunftshütten dienen als Stützpunkte für Gipfelbesteigungen, Gletscherüberschreitungen und Passübergänge, die auch weniger Erfahrene sich zutrauen dürfen – vorausgesetzt, sie werden zuverlässig geführt. Und nach einem guten Bergführer muss man in Pontresina nicht lange suchen: Die Bergsteigerschule am Ort hat den allerbesten Ruf.

Pontresina besitzt eine Bahnstation. Als Reisende mit dem Glacier-Express werden Sie sich bestimmt auch für den Bernina-Express interessieren. Also: In Pontresina laufen die beiden Schienenstränge zusammen – der eine kommt von Chur über Samedan, der andere »nur« von Sankt Moritz. Die Bernina-Linie ist die einzige Bahnlinie in der Schweiz, die offen, also ohne Tunnels, über die Alpen nach Süden führt; außerdem ist sie die höchstgelegene Adhäsionsbahn Europas, das heißt, um den 2253 Meter hohen Berninapass zu überwinden, braucht sie keine Zahnräder!

Auch der Bernina-Express könnte Glacier-Express heißen. So nahe fährt er am Morteratschgletscher mit seinem fotogenen Spaltengewirr vorbei. und auf der Südseite öffnen sich prachtvolle Ausblicke auf den breit zu Tale fließenden Palügletscher.

Die Bernina-Linie endet nach 61 Kilometer in Tirano im italienischen Valtellino (Veltlin). Viele Tagesausflügler beenden die Fahrt aber schon im schweizerischen Städtchen Poschiavo, essen hier zu Mittag und fahren anschließend dieselbe Strecke zurück, wobei sich auch einmal ganz andere Perspektiven und Eindrücke ergeben.

Essen und Trinken im Oberengadin

Die großen Söhne des Engadins, sagt man, sind nicht Künstler und Gelehrte, sondern Hoteliers und Konditoren. Die Anekdoten des Tales stammen (siehe Johann Badrutt!) denn auch vorzugsweise aus dem Gastgewerbe.

Unter den vielen Engadinern, die in früheren Jahrhunderten zum Auswandern gezwungen waren, haben es die Zuckerbäcker zu besonderem Ansehen gebracht. Um 1750 zum Beispiel stammten in Venedig 38 von 42 Konditoren aus dem Engadin.

Doch dann erhob sich Widerstand gegen die allzu erfolgreichen »Fremdarbeiter«, und diese zerstreuten sich über ganz Europa. Viele Cafés in Frankreich und Italien, aber auch in Berlin und Wien waren in Engadiner Besitz. Als einzig greifbares Erinnerungsstück an diese Tra-

dition ist uns die Engadiner Nusstorte geblieben, die allerdings in Frankreich kreiert worden sein soll.

Heute ist das Oberengadin touristisch so erschlossen, dass die internationale Küche weithin dominiert. Darin unterscheidet es sich nicht von anderen Regionen mit einer vergleichbaren Tradition im Fremdenverkehr. Über die großen Hotels und ihre Restaurants braucht man deshalb kaum etwas zu sagen – es ist selbstverständlich, dass Sie hier erstklassig speisen können. Doch zwei Adressen seien genannt, weil sie mehr bieten als »nur« eine hervorragende Küche.

Die *Chesa Veglia* in Sankt Moritz, ein 1658 erbautes Bauernhaus, genießt dank ihrer originellen Mischung von Snobismus und Gemütlichkeit weltweiten Ruf. Sie bekommen hier eine gebratene Polenta nach Veltliner Rezept ebenso wie die mit Kaviar gefüllte Kartoffel, einst die Leibspeise des Schahs, der in diesem Etablissement Stammgast war.

In der *Corviglia-Bergstation* auf 2500 Meter Höhe »regiert« nun »Mathis II.«, der sympathische Sohn des unvergessenen Hartly Mathis, der dort oben eine kulinarische Märchenwelt gezaubert hatte, von der die Welt sprach. Nun verlebt er unten in St. Moritz den wohlverdienten Ruhestand und wird eines Tages sicher ebenso in die gastronomische Unsterblichkeit des Engadins eingehen wie der legendäre Johann Badrutt.

Regionale Spezialitäten, wie sie als bäuerliche Alltagsgerichte in Graubünden üblich waren (Näheres darüber auf Seite 56), findet man nur noch in wenigen Oberengadiner Lokalen, etwa in der *Chesa Marchetta* in Sils, im *Hotel Rosatsch* und in der *Stüvetta* des *Hotels Misani* in Celerina sowie in dem unter Kennern weithin geschätzten *Schweizerhaus* in Maloja. Doch überall trinkt man noch die Weine aus dem Veltlin, denen die Höhenlage des Engadins spürbar gut bekommt, ob sie nun Grumello, Sassella oder Inferno heißen; nur aus dem Fass sollten sie sein. Weine aus Frankreich oder Deutschland mögen teurer sein – besser sind sie hier oben gewiss nicht!

Vom Inn zum Rhein

Einsteigen bitte!

Abschied vom Engadin

Bitte stellen Sie sich vor: Der Glacier-Express steht – frisch gewaschen und mit blankgeputzten Abteilfenstern – startbereit auf dem Bahnhof von Sankt Moritz. Sie sitzen auf Ihrem Platz, den Sie sich klugerweise reservieren ließen, haben alles um sich versammelt und griffbereit, was Sie während der kommenden siebeneinhalb Stunden zu Ihrem Wohlbefinden brauchen (also hoffentlich auch dieses Buch!).

Nun ruft der Schaffner ein letztes Mal »Einsteigen!« oder auch »Istiega!« – und der Express setzt sich in Bewegung, nicht zu schnell, denn er muss ja seinem Ruf gerecht werden, »der langsamste Schnellzug der Welt« zu sein.

Im vorigen Kapitel habe ich versucht, Ihnen die Vorzüge und Schönheiten des Oberengadins näherzubringen. Aber wahrscheinlich ist Ihnen aufgefallen, dass das noch nicht alles gewesen sein kann. Richtig. Den Rest habe ich mir für dieses Kapitel aufgehoben, mit dessen Anfang wir das Engadin verlassen. Da wird es zum Beispiel höchste Zeit, ein paar Worte über den Inn nachzutragen. Schließlich hat er ja dem Engadin seinen Namen gegeben. Auf Rätoromanisch heißt er En – das Engadin ist also das Inntal:

Der **Inn** entspringt oberhalb des Malojapasses am Piz Lunghin, einem sehr bemerkenswerten Berg. Hier erblicken nämlich, nur wenige hundert Meter voneinander entfernt, Quellwasser das Licht der Bergwelt, die in drei verschiedene Meere fließen: Ein namenloser Bergbach, der sich in der Maira, dem Talfluss des Bergell, ver-

Drei Bahngesellschaften – die Rhätische Bahn, die Furka-Oberalp-Bahn und die Brig-Visp-Zermatt-Bahn – stellen gemeinsam den Wagenpark des Glacier Express

liert, mit ihr durch den Comer See in den Po und mit diesem in die Adria fließt. Nach Norden wendet sich ein Bächlein, das sich bei Bivio mit der Julia vereint und zusammen mit ihr im Rhein aufgeht, der sich nach langer, wohlbekannter Reise in die Nordsee ergießt.

Der Inn schließlich springt munter im Oberengadin hinunter, verbindet – zunächst noch unter dem Namen La Sela – die vier Seen der Seenplatte miteinander und gewinnt seine »wahre Identität« erst hinter der Schlucht Charnadüra unterhalb von Sankt Moritz. Nun durchströmt er, an Breite und Tiefe ständig zunehmend, das Engadin, dann Tirol und Bayern, bevor er in die Donau mündet und sich mit ihr

Celerina: Ferienort; Kirche San Gian mit spätgotischen Wandmalereien.
Samedan: Hauptort des Oberengadins, Plantahaus.
Bever: echtes Engadiner Dorf, Sgraffitischmuck an vielen Häusern.
Bergün: bezauberndes Bündner Dorf; Gerichtsturm (um 1200 erbaut), mit Fresken verzierte romanische Kirche; bahnhistorischer Lehrpfad; berühmte Rodelbahn von Preda nach Bergün.
Filisur: Dorf im Engadiner Stil; Ruine der mittelalterlichen Burg Greifenstein; Landwasserviadukt.
Tiefencastel: Verkehrsknotenpunkt im Albulatal; Barockkirche.
Mistail: karolinigisches Kirchlein mit Wandmalereien.
Thusis: Verkehrsknotenpunkt; zwei historische Ruinen: Burg Ehrenfels und Burg Hohenrätien.
Domleschg: breites, fruchtbares Tal; berühmt für seine zahlreichen Burgen.
Rhäzüns: Sankt-Georgs-Kirche (im Jahre 960 erbaut).
Reichenau-Tamins: Zusammenfluss von Vorder- und Hinterrhein.

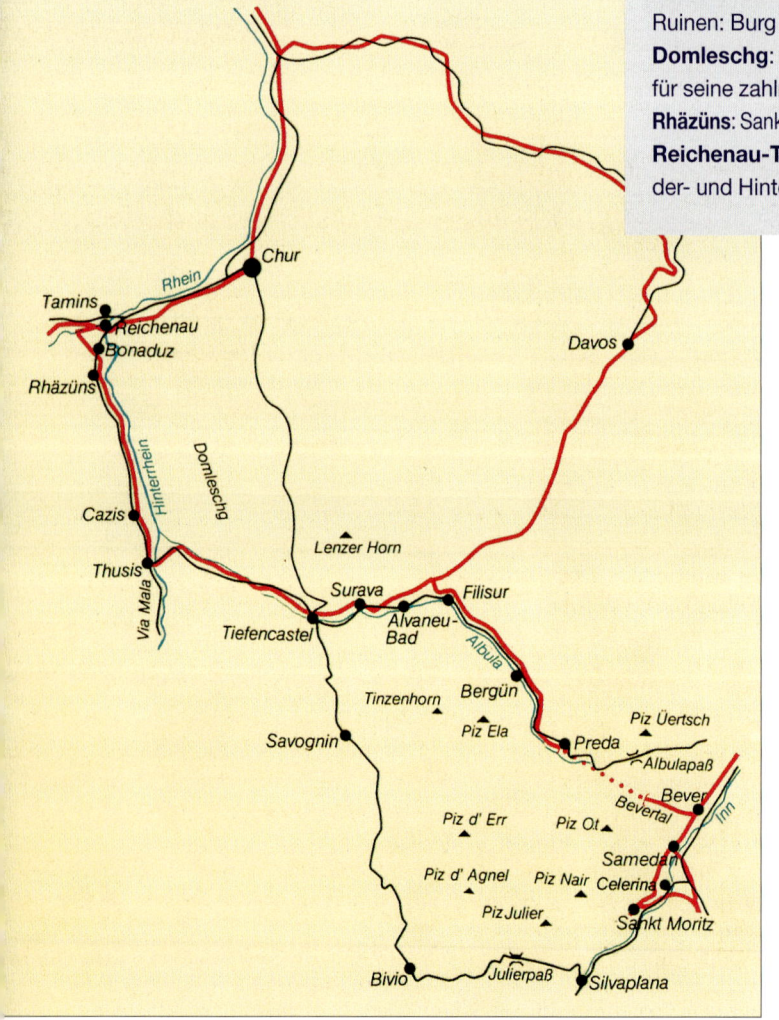

Ein Schweizer Wintermärchen: Sils

dem Schwarzen Meer zuwendet. Im Grunde, so heißt es, sei der Inn bedeutender als die Donau, und von Rechts wegen müsse man ihn den längsten Fluss Europas nennen. Doch wie auch immer: Eine dreifache Wasserscheide wie den Piz Lunghin werden Sie so leicht nicht wieder finden!

Zunächst geht es zügig bergab mit unserem Zug. Die Talstufe zwischen Sankt Moritz und Celerina war den »alten Briten« sehr willkommen gewesen. Sie nutzten das Gefälle für ihre Skeleton- und später die Bobbahn. Der Glacier-Express überquert auf einer niedlichen Miniaturbrücke beide Bahnen, die allerdings nur während der Wintermonate zu sehen sind.

Celerina, die erste Station, ist ein beliebter Ferienort, doch schon merkbar dörflicher als Sankt Moritz. Von hier fährt eine Gondelbahn nach Marguns im Corviglia-Gebiet. Das eindrucksvollste Baudenkmal von Celerina ist die Kirche San Gian auf einem Waldhügel außerhalb des Ortes. Unverkennbar das offene Turmdach, se-

henswert die reichornamentierte Decke und die spätgotischen Wandmalereien, die Ende des 15. Jahrhunderts entstanden sind. Früher war San Gian eine Taufkirche, heute finden beliebte Konzerte statt.

Samedan oder **Samaden**, die nächste Station, will auf der mittleren Silbe betont werden; darauf legen die Samedaner oder Samadener Wert. Der Hauptort des Oberengadins hat schon in den unruhigen Zeiten vergangener Jahrhunderte eine bedeutende Rolle gespielt. So verwundert es nicht, dass die Planta-Salis, eine der großen Familien Graubündens, hier zuhause sind. Ihr Stammsitz ist das repräsentative Planta-Haus am Plazzet, heute Eigentum der Planta-Stiftung, deren Zweck Pflege und Erhaltung der rätoromanischen Sprache sowie die Betreuung der kostbaren Bibliothek ist. Wer die Ursprache Graubündens, die wiederum in fünf unterschiedliche Dialekte zerfällt, lernen will, kann an den sommerlichen Sprachkursen teilnehmen, die von der Stiftung veranstaltet werden. Rätoromanisch (oder Rumantsch) ist 1938 offiziell zur vierten Nationalsprache der Schweiz erklärt worden und wird noch von etwa 50 000 Menschen im Kanton gesprochen. Samedan/Samaden ist ein ergiebiger Fundort für Liebhaber der traditionellen Engadiner Bauweise und Wohnkultur. Darüber hinaus hat es beträchtliche Bedeutung als modernes Verkehrszentrum (was die Attraktivität des Ortskerns nicht beeinträchtigt). Am rechten Ufer des Inns hat der zeitweilig stark frequentierte Flugplatz, der höchstgelegene Europas übrigens, Platz gefunden. Und der Bahnhof gilt als Drehscheibe im Schienennetz der Rhätischen Bahn. Hier trennen sich die Züge nach Sankt Moritz und über den Berninapass, die nach Chur (oder Zermatt) und die ins Unterengadin, wo Bad Scuol die Endstation ist. Der 1981 begonnene Neubau des Bahnhofs und dessen technische Ausstattung sind der Stolz der Bahnverwaltung und ihrer Mitarbeiter.

Bever ist ein echtes Engadiner Dorf, in seinem Kern noch fast unzerstört. Auffallend der schöne Sgraffiti-Schmuck an vielen Häusern. Die »Spezialität« von Bever: Es gilt als der kälteste Ort in der Schweiz! – Hier wendet sich unsere Bahnlinie mit einer engen Kurve nach Westen, ins stille Bevertal hinein. Und schon nähern wir uns einem der Höhepunkte unserer Fahrt: Was Sankt Moritz den Skeleton-Riders, die Aussicht auf Kaviar und Gänseleber den Feinschmeckern und das Matterhorn den Bergsteigern bedeutet, das sind die vor uns liegenden zwanzig Schienenkilometer für die Eisenbahn-Freaks aus aller Welt. Sie sind ihnen eine Reise wert. Warum?

Bild rechts: Unbestrittener Höhepunkt der Albula-Linie ist der gewaltige Steinbogenviadukt über die Landwasser

Die Albula-Linie

Die **Albula-Linie** ist die steilste Eisenbahnstrecke (ohne Zahnradantrieb) in den Alpen. Da wir jetzt gleich in den Albula-Tunnel einfahren werden, nutze ich die Gelegenheit, das Wichtigste über diese Strecke mitzuteilen, soweit es wahrscheinlich auch einen »Eisenbahnlaien« interessiert.

Als es gegen Ende des vorigen Jahrhunderts darum ging, das Engadin endlich auch an das bereits vorhandene Eisenbahnnetz der Rhätischen Bahn anzuschließen, haben die ungewöhnlich großen Höhenunterschiede, die zu überwinden waren, den Ingenieuren heftiges Kopfzerbrechen bereitet. Die Entscheidung fiel für die Albula-Trasse, weil hier nur ein Tunnel von knapp sechs Kilometer Länge durchstochen werden musste; am Julierpass, der ebenfalls zur

Wie schön kann die Technik sein, wenn sie sich so einfach begreifen lässt wie hier! Doch zur Nachhilfe ein paar Zahlen:

Streckenlänge Bergün – Preda: 12,5 Kilometer
Höhenunterschied: 416 Meter
Stärkste Steigung: 35 ‰ (= 35 m pro 1 km)
Tunnels: 8, darunter 4 Kehrtunnels
Viadukte: 7
Lawinengalerie: 1
Albula-Tunnel: Scheitelhöhe 1820 Meter, Länge 5865 Meter

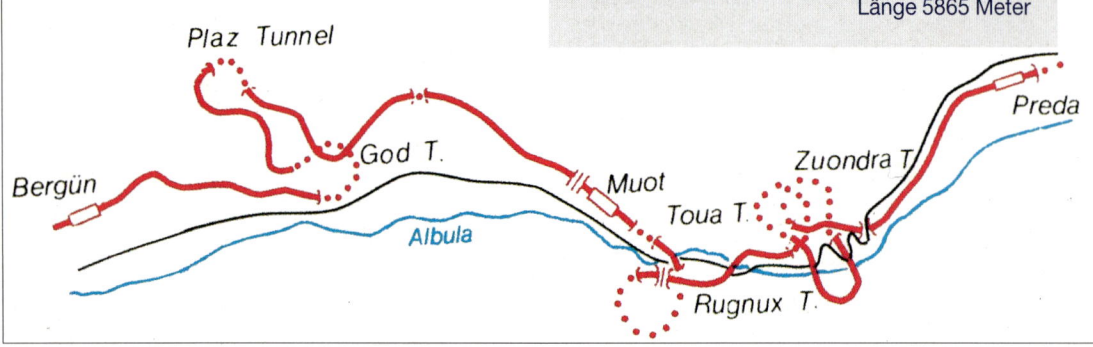

Der »ältere Bruder« des Glacier Express ist der »Alpine Classic Pullman Express«: Mit ihm reist man auf der selben Route – jedoch in historischen Salonwagen, welche die Rhätische Bahn vor kurzem originalgetreu im Art-Déco-Stil restaurieren ließ

Debatte stand, wären es zehn Tunnelkilometer gewesen. Andererseits waren extreme Steigungen zu überwinden, bevor man die Scheitelhöhe des Albula-Tunnels (1820 Meter) erreichte: 970 Höhenmeter auf der 45 Kilometer langen Strecke ab Tiefencastel, sogar 416 Höhenmeter auf der nur sechs Kilometer langen Strecke ab Bergün! Das war den Eisenbahnbauern bisher noch nirgends abverlangt worden.

Das Ergebnis ist so faszinierend, weil es jedem Kind und jeder Oma ohne weiteres einleuchtet. Eine Eisenbahn kann nun einmal nicht geradeaus den Berg hinauffahren. Also hat man die Strecke durch eine Art Serpentinen auf die Doppelte verlängert, hat, weil da auch noch andere Berge im Weg waren, Tunnels gebohrt und ein paar Serpentinen in die Tunnels verlegt – Kehrtunnels nennt man das. So schlängelt sich unser Schienenweg nun, nachdem er bei Preda den Albula-Tunnel verlassen hat, das Albula-Tal hinunter, fährt über kühne Viadukte mal auf dieser, mal auf jener Talseite, verschwindet in weiteren Tunnels und verlässt diese manchmal in entgegengesetzter Fahrtrichtung wieder.

Und immer wieder sehen wir vor oder hinter, über oder unter uns ein Stück der bewältigten oder noch zu bewältigenden Strecke: Gleise, Viadukte, Tunnelöffnungen – ein verwirrendes Erlebnis, dem man sich einfach staunend hingeben kann, das man sich aber auch mit Hilfe unserer Streckenskizze »aufschließen« kann, um zu begreifen, was da mit uns vor sich geht. Am verwirrendsten stellen sich diese Eindrücke dem Reisenden schließlich oberhalb von Bergün dar.

Fallschirmspringen über den Bergen – traumhaft!

Bergün – ein Ort zum Wiederkommen

Bergün (romanisch: Bravuogn; 1400 m, ca. 500 Einwohner) ist ein bezauberndes Bündner Dorf, inmitten schöner Bergwiesen und Wälder gelegen, von einer eindrucksvollen Bergwelt umgeben. In vorgeschichtlicher Zeit war hier ein See, dessen Abschlussriegel der Bergünerstein (Igl Crap) bildete. Im Lauf der Jahrtausende hat sich die Albula eine tiefe Schlucht durch diese gewaltige Felsbarriere gegraben.

Funde aus der Bronzezeit beweisen, dass der Albulapass bereits in der Vorrömerzeit als Alpenübergang benutzt worden ist. Viele Jahrhunderte lang bedeutete der Transitverkehr auf dieser Strecke eine wichtige zusätzliche Einnahmequelle für die Bergüner, wovon heute noch zahlreiche stattliche Häuser Zeugnis ablegen. Um den Handelsverkehr über den Pass zu fördern, wurde im Jahr 1696 der Bergünerstein durchbrochen, wobei erstmals im Straßenbau

Graubünden zählt zu den beliebtesten Wintersport-Gebieten der Schweiz: »Ski und Rodel gut« heißt es nicht nur auf

Schießpulver zur Sprengung verwendet worden ist.

Am 30. Juni 1903 fuhr die letzte Postkutsche fünfspännig über den Pass. Die Pferde trugen Trauerflor. Am Tag darauf dampfte der erste Zug von Filisur her in das Dorf, von der Bevölkerung in den Dörfern mit Jubel begrüßt. Und nicht viel später kamen auch schon die ersten Sommergäste. Doch glücklicherweise ist Bergün nicht zum Touristenghetto geworden, sondern hat seine Eigenständigkeit zu bewahren gewusst.

Das Wahrzeichen des Ortes ist der trutzige alte Meier- oder Gerichtsturm mit seinen über zwei Meter dicken Mauern. Vermutlich ist er um 1200 erbaut worden und hat später als Zuflucht gedient, worauf ein Hocheingang mit Rundbogen an der Nordseite schließen lässt. Auf dem alten Teil sitzt ein barocker Glockenturm mit Schindelhaube aus dem 17. Jahrhundert. Die Wappen, mit denen der obere Teil geschmückt ist, stammen aus der gleichen Zeit. Später wurde der Turm als Gefängnis benutzt, heute ist in ihm das Gemeindearchiv untergebracht. Am entgegengesetzten Ende des Dorfes ragt der spitze Turm der romanischen Kirche in die Höhe, die im Chor die Jahreszahl 1188 trägt.

Die wertvollen Fresken und die reichverzierte Flachdecke des Innenraumes stammen aus der Zeit um 1500.

Durch eigenwillige Gruppierung der Häuser entlang der Dorfstraße sind kleine Plätze mit eigenen Brunnen entstanden, die Bergün ein typisches Engadiner Gepräge geben. Auch die meisten Häuser lassen die Ausstrahlung von Lebensweise und Architektur des Engadins über die Passhöhe hinweg erkennen. Massive Bauten mit tiefliegenden Trichterfenstern, geschnitzte Sulèrtüren, Erker in den Fassaden und reichverziertes Gitterwerk sowie immer wieder phantasievoller Sgraffiti-Schmuck. Wer mit offenen Augen durch das Dorf geht, wird viele interessante Details entdecken, die vom Wohlstand und Schönheitssinn seiner Bewohner zeugen. Es macht Freude zu sehen, wie Traditionsverbundenheit und guter Geschmack sich bis zum heutigen Tag gegen einen häufig fragwürdigen Fortschrittsgeist durchgesetzt haben.

Herrliche Wanderungen kann man in die Umgebung machen. Die Landschaft ist abwechslungsreich, an Wäldern und Gewässern kein Mangel. Als besondere Schönheit ist der in einem lichten Lärchenhain gelegene Palpuo-

den Pisten von Klosters. Wer es beschaulicher mag, geht auf eine romantische Winterwanderung

gnasee oberhalb von Preda zu nennen, im Volksmund »Himmelsauge« genannt. Reizvolle Passwanderungen führen ins Engadin, nach Davos und nach Savognin. Bergsteiger und Kletterer finden ihre Herausforderungen am Piz Kesch, Tinzenhorn, Piz Uertsch und Piz Ela, alle gestandene Dreitausendergipfel.

Das Neueste aber ist wieder für die Eisenbahn-Fans: ein »Bahnhistorischer Lehrpfad« entlang dem Streckenabschnitt Bergün – Preda. An den markantesten Punkten erläutern Schautafeln Entstehungsgeschichte und technische Finessen des berühmten Schienenweges.

Bergün hat auch eine attraktive Wintersaison. Mit den großen Skizentren Graubündens kann und will es sich natürlich nicht messen. Dafür sind seine Pisten und Preise in jeder Hinsicht familienfreundlich. Das Skigebiet Darlux, von einer Sesselbahn erschlossen, reicht bis auf 2550 Meter Höhe. Und mit den guten Verbindungen der Albula-Bahn ist man schnell in den Skizentren des Oberengadins, von Davos und Lenzerheide.

Einzigartig im ganzen Alpengebiet aber ist die fünf Kilometer lange, abends beleuchtete Rodelbahn von Preda nach Bergün auf der im Winter für den Autoverkehr gesperrten Straße!

Aufwärts geht's mit der Rhätischen Bahn, abwärts teils mehr, teils weniger rasant auf dem (im Bahnhof Preda) ausgeliehenen Schlitten. Ein Vergnügen, zu dem die Leute nicht nur aus der Umgebung, sondern sogar aus Zürich, Sankt Gallen und von wer weiß woher in Sonderzügen anreisen. Am Tag darauf zeigen sie sich ihre blauen Flecken so stolz wie alte Krieger ihre Narben. Immerhin 80 000 bis 100 000 Rodler werden pro Winter am Bahnhof Bergün gezählt.

Von Bergün nach Thusis

Weiter geht die Fahrt. Unmittelbar hinter Bergün durchstößt ein Tunnel den einst berüchtigten Bergünerstein. Tief unter uns rauscht und brodelt jetzt die Albula, ein ungebärdiger junger Fluss, dessen Name sich vielleicht vom lateinischen albus (weiß) ableitet. Die weiße Gischt, die wir manchmal vom Zug aus in ihrem engen Felsenbett toben sehen können, lässt die Erklärung einleuchtend erscheinen. **Filisur** taucht vor uns auf, dem wir uns durch einen weiteren Kehrtunnel nähern. Filisur ist das letzte Dorf diesseits des Albulapasses mit

Häusern im Engadiner Stil. Wenn Sie, meinem Vorschlag folgend, einmal zu längerem Aufenthalt nach Bergün zurückkehren, sollten Sie unbedingt auch einen Ausflug nach Filisur machen und die schönen Häuser entlang der dörflichen Hauptstraße bewundern, insbesondere das der Zuckerbäckerfamilie Lorenz, nach ländlichen Verhältnissen fast schon ein Palast. Oberhalb von Filisur ist die Ruine der mittelalterlichen Burg Greifenstein zu sehen; die Mauern des Palas und die Überreste einer Kapelle sind noch zu erkennen.

In Filisur zweigt die Bahnlinie ab, die durch das Landwassertal nach Davos, Klosters und weiter führt. Merken Sie sich für später die folgende Rundfahrt mit der Rhätischen Bahn vor: Chur – Landquart – Davos – Filisur – Thusis – Chur. Einen Teil davon werden Sie ja gleich kennenlernen. Doch auch der andere Halbkreis lohnt das Wiederkommen. Natürlich kann man diese Rundfahrt an jedem Ort beginnen und auch im gegenläufigen Sinn machen.

Jetzt aber heißt's aufgepasst. Wenige Minuten nach der Abfahrt in Filisur erreichen wir einen vielgerühmten Höhepunkt und das wahrscheinlich meistfotografierte Motiv des Schienennetzes der Rhätischen Bahn: den Landwasserviadukt. Viel Zeit zum Staunen haben wir allerdings nicht. Unser Zug fährt aus dem 216 Meter langen Tunnel direkt auf den Viadukt hinaus, um gleich darauf wieder im nächsten Tunnel zu verschwinden. Doch jedenfalls können wir die elegante Bogenlinie der Brücke (Radius einhundert Meter) und ihre stolze Höhe über dem Grund der Landwasserschlucht (65 Meter) wahrnehmen.

Über eines muss sich der glückliche Glacier-Express-Reisende freilich im klaren sein: die schönsten Fotos werden nicht aus dem Zug heraus gemacht, sondern von draußen mit Blick auf den Viadukt. Im übrigen möchte man mindestens für diese paar Augenblicke einmal

Bild links: Das meistfotografierte Motiv der Rhätischen Bahn, der Landwasser-Viadukt in der Nähe von Filisur

Beeindruckende Aussicht auf dem Weg

nun schon lange nicht mehr in Betrieb. Bahnhof Surava: Das Stationsgebäude weckt wohl in jedem Reisenden den innigen Wunsch, es möge noch lange erhalten bleiben und nicht gegen ein »modernes« ausgetauscht werden. Nun sehen wir vor uns den Talkessel von Tiefencastel.

Tiefencastel liegt im Schnittpunkt der alten Transitrouten Chur – Julierpass und Thusis – Albulapass. Seinen Namen hat es von einer Burg, die bereits im 10. Jahrhundert genannt wird. Der Ort, der vor hundert Jahren einem Großbrand zum Opfer gefallen war, wird von einer stattlichen Barockkirche (erbaut um 1650) überragt, die beherrschend auf dem Höhenrücken oberhalb des Zusammenflusses von Albula und Julia steht.

A propos **Julierpass**: Die Straße führt von Tiefencastel nach Süden über Savognin und Bivio zum 2284 m hohen Julierpass, von dem aus sie sich schnell ins Oberengadin senkt. Zwei Säulenstümpfe am Straßenrand erinnern daran, dass die Passstraße bereits zur Römerzeit benutzt worden ist. Der auch im Winter durchgehend geöffnete Julierpass ist heute die wichtigste Straßenverbindung zwischen dem Oberengadin und der übrigen Schweiz. Der ebenfalls schon uralte Septimerpass zweigte bei Bivio von der Julierstraße ab, was noch im Namen des Ortes zu erkenne ist (Bivio = bivia = Weggabelung).

Er ist schon seit vielen Jahrhunderten verfallen, dient aber noch als beliebter Wanderweg ins Bergell hinüber.

Beim Verlassen der Station Tiefencastel wird links vor uns kurz die Klosterkirche Sankt Peter zu Mistail sichtbar. Dann verschwindet sie schon wieder hinter den Tannenwipfeln, um gleich darauf ebenso kurz auf der rechten Seite aufzutauchen. Die säulenlose Hallenkirche mit den drei Apsiden gilt als das am besten erhaltene Baudenkmal aus karolingischer Zeit in der Schweiz. Sie dürfte in der zweiten Hälfte des 8. Jahrhunderts entstanden sein.

selbst Zugführer sein. Denn der hat zweifellos den besten Platz im Zug (und wird dafür auch noch bezahlt!).

Nach diesem dramatischen Höhepunkt können wir uns wieder etwas entspannen. Doch zu sehen gibt es immer noch genug. Jenseits des Tales, in dem die Albula nun schon etwas gemäßigter dahinfließt, steigen die Wälder steil an und hinauf. Stolze Dreitausendergipfel krönen die Flanken: Piz Ela, Tinzenhorn und Piz Sogn Mitgel. Bahnhof Alvaneu-Bad: Das Bad war schon im 15. Jahrhundert bekannt, erlebte im 18. Jahrhundert seine Blütezeit und ist

Bild rechts: Abstecher ins winterliche Klosters

Graubündener Impressionen: Rund um Klosters

Die Wandmalereien an der mittleren Apsis und der riesige Christophorus an der Nordwand stammen aus der Zeit um 1400.

Die untere Albula auf ihrem Weiterweg in Richtung Thusis durchbricht nun die gewaltige, wilde Schynschlucht; Felswände und Waldflanken steigen beiderseits des Flusses steil empor. Erst 1869 hat man eine schmale Straße in die bis dahin unüberwindliche Felsbarriere schlagen können. Vorher ging der Personen- und Güterverkehr von Chur nach Süden über die Mulde der Lenzerheide. Mehrere aufeinanderfolgende Tunnels können den Blick in die tiefe Schlucht nur vorübergehend versperren. Doch das Gelände, auf dem Bahnlinie und Fahrstraße hier trassiert sind, ist so steil, dass manch einer vielleicht ganz gern auf solche Tiefblicke verzichtet.

Sobald die noch gut erhaltene Burgruine Campi sichtbar wird, ist das »Schlimmste« überstanden. Die Albula wird von der Schynschlucht in die weite Ebene von Thusis entlassen – was unsere treue Begleiterin zwar nicht die ganze Existenz, doch ihren Namen und ihre Selbständigkeit kosten wird. Von jetzt an hat der Rhein das Sagen.

Am Hinterrhein

Thusis ist ein Ort, den jedermann nur vom Durchfahren kennt – das Schicksal sogenannter Verkehrsknotenpunkte. Als Warenumschlagplatz am Fuß von zwei, nach der Erschließung der Schynschlucht von vier Pässen hat er zwar Bedeutung, aber keinen Schönheitspreis erlangt, zumal mehrere Großbrände seine historische Substanz fast ganz zerstört haben. Wenigstens die historischen Ruinen sind eindrucksvoll erhalten geblieben: Burg Ehrenfels und, 250 Meter über der Talsohle, die weithin sichtbare Burg Hochrätien. Die Legende berichtet, dass die Burg im Jahr 587 vor Christus von dem Etruskerfürsten Rätus ge-

Blick auf Thusis

gründet sein soll. Doch das ist wirklich nur eine Legende ...

Durch die **Via Mala** und weiter: Wenigstens im Geiste wollen wir diesen Abstecher machen, der in früheren Jahrhunderten zu einer Vorstellung des Schreckens geworden ist (via mala = schlimmer Weg). Die schaurig-schöne Schlucht, den meisten nur als Titel des Romans von John Knittel bekannt, wird von der modernen Schnellstraße praktisch ignoriert. Wer dagegen auf der alten Landstraße über die beiden, 1738 erbauten Brücken fährt, bekommt noch einen leichten Nachgeschmack von der Angst, mit der die Reisenden früherer Jahrhunderte sie durchschritten haben müssen.

Jenseits der Schlucht folgt die Straße weiterhin dem Hinterrhein; urige alte Walserdörfer grüßen von den Höhen beiderseits des Tales, bis man hinter der Rofflaschlucht das Rheinwaldgebiet und schließlich Splügen erreicht. Hier zweigt die Splügenpassstraße ab, über die man zum Comer See gelangt. Geradeaus geht's weiter zum Kleinen Sankt Bernhard (San Bernardino), der neuerdings auf einer Länge von 6,5 Kilometer untertunnelt ist – Bellinzona und die Tessiner Seen sind nun nicht mehr weit.

Domleschg heißt das breite, fruchtbare und – vor allem im Kontrast zur Via Mala – friedlich-freundlich wirkende Tal, das sich von Thusis etwa zwanzig Kilometer nach Norden zieht und durch seinen Reichtum an Burgen berühmt geworden ist. An die zwanzig Burgen, Ansitze und Ruinen sind vorwiegend rechts der Bahnlinie zu sehen, mehr als irgendwo sonst auf so engem Raum in der Schweiz. Bewohnt sind nur wenige, Besichtigungen sind in der Regel nicht möglich. Das zu wissen ist tröstlich, wo wir doch mit dem Zug vorbeifahren müssen. Die markantesten und besterhaltenen Burgen sind der Palas von Schloss Riedberg, Schloss Ortenstein auf seinem hohen Felsen und Schloss Rhäzüns (alle auf der rechten Seite), das genaugenommen schon wieder außerhalb des Domleschg steht. Zu Rhäzüns gehört auch die kleine Sankt-Georgs-Kirche im Hintergrund. Das Kirchlein geht auf einen Bau aus dem Jahr 960 zurück. Nach der Legende ist

Eines der typischen blumengeschmückten Häuser am Hinterrhein

Radfahren, wie es schöner nicht sein könnte! Hier kommt die ganze Familie auf ihre Kosten

Nostalgie pur: Eine G 4/5 der RhB befährt die Rheinbrücke bei Reichenau-Tamins

der Heilige Georg, von Räubern bedroht, mit seinem Pferd in einem gewaltigen Satz über den Hinterrhein gesprungen. Wo das Pferd sicher aufsetzte, baute man die Kirche, deren Schiff und Chor mit herrlichen Fresken aus dem 14. Jahrhundert geschmückt sind, darunter die beliebten Motive des Kampfes mit dem Drachen und seines Pferdesprungs.

Bei **Rhäzüns** weitet sich das Tal, auf dessen jenseitigen Höhen jetzt die Bauten und Liftmasten des Skigebietes Laax-Flims zu sehen sind. Die Bahn fährt in einem Bogen um Bonaduz und erreicht dann den Vorderrhein, dem sie flussabwärts folgt. Unter uns verläuft, fast parallel, jetzt ein anderes Bahngleis; bald werden wir auf ihm weiterfahren. Auf der linken Seite in Fahrtrichtung können wir, während wir über die Brücke rattern, die Vereinigung von Vorder- und Hinterrhein bewundern. Und schon hält der Zug in der unscheinbaren Station Rei-

chenau-Tamins, die man in dessen nicht unterschätzen sollte; denn sie ist Schauplatz einer entscheidenden Wende.

Von **Reichenau-Tamins** aus fährt der Glacier-Express in entgegengesetzter Richtung weiter. Natürlich nicht dorthin zurück, woher er gekommen ist, sondern – nach entsprechender Weichenstellung – nach Westen, das Vorderrheintal hinauf.

Und Chur? Die Hauptstadt des Kantons Graubünden ist zwar nahe, liegt aber nicht an der Route des Glacier-Express. Eine Besichtigung des Bahnhofs Chur vom Zug aus würde sich auch nicht lohnen – ein Besuch der Stadt um so mehr. Deshalb mein Vorschlag an alle, die genügend Zeit haben. Machen Sie einen Abstecher nach Chur und übernachten Sie dort! Sie werden eine bemerkenswerte Stadt kennenlernen ...

Chur

Vergangenheit und Gegenwart

Lassen Sie sich nicht von den hässlichen Hochhäusern in den Außenbezirken irritieren! In den Jahren bedenkenloser »Fortschrittlichkeit« hat man in Chur die gleichen Fehler gemacht wie anderswo auch. Die innere Stadt ist von ihnen ziemlich unberührt geblieben. Außerdem hat man dazugelernt. Mittlerweile gilt es ja wieder als fortschrittlich, das gute Alte zu bewahren und, wenn möglich, zu neuem Leben zu erwecken; davon gibt es hier noch eine ganze Menge.

Stadt Chur: Hauptstadt des Kantons Graubünden; historisch bedeutendes Siedlungsgebiet mit wichtigen alten Handelsverbindungen; heute Handels- und Fremdenverkehrszentrum; ältester Bischofssitz der Schweiz; sehenswerte Altstadt.
Bauwerke von kunsthistorischer Bedeutung: Kathedrale mit einem spätgotischen Schnitzaltar; Bischofspalais; Martinskirche; Klosterkirche Sankt Luzius; spätgotische Kirche Sankt Regula; »Altes Gebäu« (Gerichtsgebäude); »Neues Gebäu«; der »Obere Spaniöl« (freistehender Bürgersitz).
Museen: Dommuseum mit dem Kirchenschatz, Rätisches Museum; Kunsthaus (u.a. Kaufmann, Segantini, Giacometti, Kirchner).
Lokale: Weinstube der Bischöflichen Hofkellerei im Torturm; Zunfthaus zur Rebleuten am Pfisterplatz, Bündner Stube im Hotel Stern, Reichsgasse 11.

1 Kathedrale
2 Bischofspalais
3 Martinskirche
4 Sankt Luzius
5 Rathaus
6 Altes Gebäu
7 Neues Gebäu
8 Rätisches Museum
9 Dommuseum
10 Kunsthaus
11 Bischöfliche Hofkellerei
12 Zunfthaus zur Rebleiten
13 Hotel Stern

Alles, was als sehenswürdig genannt wird, ist in Chur auf engem Raum zusammen. Das macht die Stadt für Besucher, die nur wenig Zeit haben, so sympathisch. Mit ein paar Schritten ist man vom Bahnhof in der Altstadt, nach ein paar Minuten – allerdings zügig bergauf – in der Bischofsstadt. Damit haben wir schon die beiden Pole genannt, um die sich die geschichtliche Vergangenheit konzentriert.

Der Platz von Chur ist uraltes Siedlungsgebiet. Von hier sind die wichtigsten Handelswege, die über diesen Teil der Alpen führten, ausgegangen. Erst kamen die Kelten, dann die Römer, anfangs als Soldaten, später auch als Zivilisten. Curia Raetorum wurde Hauptstadt der römischen Provinz Raetia Prima und gegen Ende des Römerreiches erster Sitz eines christlichen Bischofs nördlich der Alpen (anno 451). So entstand auf dem Felsen die bischöfliche Residenz. Ihr geistliches Zentrum ist die Kathedrale, die in ihrer heutigen Gestalt aus dem 12. und 13. Jahrhundert stammt. Von einer Vorgängerin aus dem 8. Jahrhundert sind nur einige schöne Marmorfragmente mit Flechtwerk erhalten geblieben, die man in verschiedene Altäre eingefügt hat. Auffallend ist die gleich zweimal »gebrochene« Chorachse: Die Baumeister hatten allem Anschein nach Probleme mit dem engen Bauplatz.

Die Kathedrale besitzt einen spätgotischen Schnitzaltar, der gern als »der schönste in der Schweiz« bezeichnet wird. Im nördlichen Seitenschiff erinnert eine schlichte Grabplatte an den im Jahr 1631 ermordeten und hier beigesetzten Jürg Jenatsch. In dem umstrittenen »Nationalhelden« Graubündens sehen die einen ihren Freiheitskämpfer à la Wilhelm Tell, die anderen einen machthungrigen Unruhestifter à la Wallenstein. Im Dorfmuseum kann der kostbare Kirchenschatz besichtigt werden. Der »Hof«, der das Vorfeld für die Kathedrale und das im 18. Jahrhundert barock umgestaltete Bischofspalais bildet, ist ein stiller, sehr katholisch wirkender Platz mit stimmungsvoll plätscherndem Brunnen. Von der bürgerlichen Altstadt grenzt er sich durch seine erhöhte Lage, Treppen und Mauern sowie durch einen

vorgelagerter Gebäudetrakt ab, der vom Torturm überragt wird. In diesem ist unter anderem die »Bischöfliche Hofkellerei« untergebracht, eine hinreißende, schöne spätgotische Weinstube, deren Besuch ich wärmstens empfehlen möchte. Die hier ausgeschenkten Weine sind selbstverständlich auch aus bischöflichem Besitz.

Der Blick aus den kleinen Fenstern auf die Martinskirche mit Uhr, Türmerstube und der – vielleicht im Licht der untergehenden Sonne glänzenden – Dachfahne auf die Stadt und Berge dahinter ist etwas ganz Besonderes.

Zuvor sollten Sie sich aber noch die Mühe machen, zur einstigen Klosterkirche Sankt Luzius – »Sankt Luzi« sagen die Churer – hinaufzusteigen, die ihren Platz ein Stück oberhalb der Kathedrale hat. Sie ist dem einzigen bekannten Glaubensboten Rätiens geweiht, der ein König aus Britannien gewesen sein soll. Die verzwickten archäologischen Probleme der vermutlich karolingischen Krypta wollen wir hier nicht erörtern. Jedenfalls bewahrt die Kirche einen Sarkophag mit den Gebeinen des Heiligen und vielleicht auch seiner Schwester, der ebenfalls heiligen Emerita, die beide um das Jahr 200 in Rätien gewirkt haben sollen. In der Kirche selbst, die zu einer späteren Prämonstratenser-Abtei gehörte, durchdringen sich romanische und gotische Stilelemente.

Die Bischöfe von Chur waren, wie die meisten ihrer Amtsbrüder im Mittelalter, machtbewusste Herren. Über Jahrhunderte hinweg trugen sie den Titel eines Reichsfürsten und herrschten souverän über »Churrätien«. Doch auch die Bewohner der Siedlung, die unterhalb und im Schutze der Bischofsburg heranwuchs, die »Bürger« also, wurden immer selbstbewusster in dem Maße, in dem Handel und Wandel über die Alpenpassstraßen zunahmen, denen sie ihren wachsenden Wohlstand verdankten. Denn einen besseren Warenumschlagplatz gab es weit und breit nicht. Und wenn sie sich gegen die bischöfliche Bevormundung auflehnten, schreckten weder sie noch die Geistlichkeit vor blutigen Auseinandersetzungen zurück.

Der hoch aufragende Turm der Martinskirche ist eines der Wahrzeichen von Chur

Das 15. Jahrhundert sah die Bürger von Chur auf der Höhe ihres Selbstbewusstseins. Ein endgültiger Erfolg schien nahe. Allerdings bleibt unklar, ob Chur im Jahr 1498 wirklich als »Freie Reichsstadt« vom Kaiser anerkannt worden ist – und es ist auch nicht mehr wichtig. Es kam die Reformation, und mit ihr verloren die Bischöfe von Chur ihre Macht, das Reich aber die Souveränität über seine Territorien in der Schweiz. Fortan gab es nur noch Parteienkämpfe zwischen »Habsburgern« oder gar »Spaniern« und den verschiedenen Bünden. Aus ihnen ist schließlich Graubünden zusammengewachsen, das sich 1803 als schlichter Kanton der Eidgenossenschaft angliederte.

Die Altstadt, wie wir sie heute erleben, ist im wesentlichen nach dem großen Brand von 1464 entstanden. Wer es eilig hat, kann sie in zehn Minuten durchschreiten oder in einer knappen halben Stunde umrunden. Alles ist überschaubar und bleibt in »menschlich-maßvollen« Dimensionen. Als Ausgangspunkt für Rundgänge bietet sich das Rathaus im Herzen der Altstadt an. (So ist es auch vom Verkehrsamt vorgesehen, das mit rot und grün aufgemalten Fußspuren zwei Besichtigungswege markiert hat.) Mit seiner offenen, gewölbten Markthalle im Erdgeschoss und schönen Repräsentationsräumen demonstriert es Wohlstand und Bürgerstolz.

Weitere Bauwerke von kunsthistorischer Bedeutung: Die Martinskirche, 1464—1491 im spätgotischen Stil erbaut, mit farbigen Glasfenstern von A. Glacometti (1917). Der hochaufragende, spitze Kirchturm wirkt wie eine auf die Bischöfe gezielte Provokation. Das barocke »Alte Gebäu« (1727—1730) in der Poststraße 14, Gerichtsgebäude und eines der bedeutendsten Herrschaftshäuser Graubündens; das »Neue Gebäu« (um 1750) in der Reichsgasse 35, heute Regierungsgebäude; der »Obere Spaniöl« (1635—1640) neben der Treppe zum »Hof«, der erste freistellende Bürgersitz in der Stadt; die spätgotische Kirche Sankt Regula,

Ein Blick ins winterliche Rheintal

Ende des 15.Jahrhunderts errichtet, mit schönem Netzgewölbe und polygonalem Chor ausgestattet.

Und natürlich die Museen: das bereits erwähnte Dommuseum mit dem Kirchenschatz; das Rätische Museum mit einer reichen Sammlung von prähistorischen, römischen und frühmittelalterlichen Ausgrabungsfunden; das Kunsthaus schließlich, das Werke von Graubündener Künstlern zeigt, angefangen bei der in Chur geborenen Angelika Kaufmann bis zu Giovanni Segantini, Augusto Giacometti und dem deutschen Expressionisten Ernst Ludwig Kirchner, der 1917 nach Davos übergesiedelt war.

Doch selbst den, der von kunsthistorischen Details nichts wissen will, wird ein gemächlicher Bummel durch die Altstadt gewiss begeistern. Auf den kleinen Plätzen, in den winkeligen Gassen gibt es so viel zu sehen, dass es nicht leicht ist, ein Ende zu finden: Stadtpaläste, Bürgerhäuser, Arkadenhöfe, Erker und Giebel, Treppen und Brunnen ... Manches Bauwerk bedürfte dringend der Erneuerung. Doch dann stößt man wieder auf großzügig sanierte Häuser und kann hoffen, dass auch andere noch einen Liebhaber finden – oder einen Geschäftsmann, der das alte Ambiente kaufmännisch zu aktivieren versteht. Auch in Chur umgeben sich schicke Geschäfte gern und erfolgreich mit einem stilvollen historischen Rahmen.

Essen und Trinken in Chur

Einige Stadtpaläste haben wunderschöne Innenausstattungen. Doch nur die Räume des Rathauses – die Ratsstube von 1494 und die Täfernstube von 1583 – können besichtigt werden. Dabei gibt es einen ganz einfachen Weg, noch einige andere Innenräume, die es lohnen, kennenzulernen: die Einkehr zu Speis und Trank. Die folgenden Lokale sind auch deshalb besonders empfehlenswert, weil sie die regionale Bündner Küche pflegen: Die bereits erwähnte *Weinstube der Bischöflichen Hofkellerei* im Torturm, ein spätgotischer Innenraum aus dem Jahr 1522; das *Zunfthaus zur Rebleuten* am Pfisterplatz, erbaut anno 1483; die nicht so alte *Bündner Stube* im *Hotel Stern*, Reichsgasse 11, und in die holzgetäfelte Gemütlichkeit des *Restaurants zum Kornplatz*, Kornplatz 1, wo neben regionaltypischen Gerichten auch solche aus der Haute Cuisine angeboten werden.

Graubünden ist ein Bauernland. Und die Bündner Küche bietet eine bäuerliche, also deftige und belastende Kost. Wer sie nicht gewöhnt ist, tut gut daran, um eine halbe Portion zu bitten. Auch ist die Bündner Küche in der Zubereitung vergleichsweise arbeitsintensiv, weshalb man heute in den meisten Lokalen leichter ein Steak als ein Bauerngericht bekommt.

Ein paar der bekanntesten Gerichte, die Sie probieren sollten:

Bündner Fleisch (oder Bindenfleisch): gepökeltes und luftgetrocknetes Rindfleisch. Wird als Vor- oder Zwischengericht in hauchdünnen Scheiben serviert; dazu gibt es Schwarzbrot, Butter (entbehrlich) und einen trockenen Weißwein.

Bündner Gerstensuppe: Gersten oder Graupen werden im Sud eines Rohschinkens mit Knochen gekocht; dazu kommen noch Gemüse.

Gnocs: Knödel aus Spätzliteig in vielerlei Zubereitungsarten.

Maluns: Kartoffelbrocken, mit Weizenmehl vermengt.

Capuns (oder Chapuns): In Mangoldblätter eingewickelte Knödel aus Spätzliteig, denen Schinken oder Salsizwurst feingehackt beigegeben worden sind; gibt es in zahllosen Varianten!

Bizochels (oder Pizzochels): Eine Spätzliart aus Buchweizenmehl, mit heißer Butter und Käse überbrannt, dazu Zwetschgenkompott.

In ganz Graubünden, nicht nur im Engadin, dominieren die Veltliner Weine. Doch in Chur sollten Sie »Herrschäftler«-Weine probieren. Sie kommen aus den kleinen Anbaugebieten des Rheintales nördlich von Chur, aus Fläsch und Maienfeld, Jenins und Malans, Zizers und Trimmis. Unter den Rotweinen sollten Sie sich merken: den »Beerliwein«, den »Süßdruck« und den »Schiller«. Wenn es aber ein Weißwein sein soll, dann fragen Sie einfach nach einem »Riesling x Sylvaner«. Das ist hier im Gebiet die am meisten verbreitete Rebe.

Die Hauptstadt des Kantons Graubünden

Chur, dies zum Abschluss, liegt auf 595 m Meereshöhe an der Plessur, die dicht bei der Stadt in den Rhein mündet. Die Stadt hat 34 000 Einwohner und ist die Hauptstadt des Kantons Graubünden.

Die Landschaft Graubünden ist im 14. und 15. Jahrhundert aus den Territorien verschiedener kleiner, weltlicher und geistlicher Herrschaften zusammengewachsen, die gezwungen waren, sich gegen die sehr viel größeren Mächte ringsum zu behaupten. Die drei Bünde – Gotteshausbund, Oberer oder Grauer Bund und Zehngerichtebund – schlossen sich 1524 staatsrechtlich zur Herrschaft Graubünden zusammen, ehe diese sich im Jahr 1803 als 15. Kanton der Eidgenossenschaft anschloss.

Graubünden ist mit 7109 Quadratkilometer der größte Kanton der Schweiz, hat aber nur ungefähr 150 000 Einwohner und ist mit 19 Einwohnern je Quadratkilometer auch der am dünnsten besiedelte Kanton. Ihrer Muttersprache nach sind zirka 56 Prozent Deutsche, die ihre Herkunft vorwiegend auf die im Mittelalter eingewanderten Walser (Walliser) zurückführen, 26 Prozent Rätoromanen, die sich als die Urbevölkerung Graubündens betrachten, und 16 Prozent Italiener in den südlichen Tälern. Erst 1938 ist die rätoromanische Sprache als vierte schweizerische Nationalsprache anerkannt worden.

Ein wesentlicher Teil der (bescheidenen) Bündner Industrie konzentriert sich in und um Chur. Die Kantonshauptstadt ist auch ein wichtiger Bahnknotenpunkt: Endstation der Linien der Schweizerischen Bundesbahnen. Wer weiter will, muss in Chur in die Züge der Rhätischen Bahn mit der kleineren Spurweite umsteigen. Auch wir fahren wieder weiter mit dem Glacier-Express ...

Vom Rhein zur Rhone

Rheinschlucht: Bizarre Gesteinsformen.

Ilanz: kleiner Marktort; Reste einer Befestigungsmauer und zwei Stadttore sind erhalten; Patrizierhäuser.

Valsertal: Vom Valserrhein durchflossen; Bad Vals: Kurort; Zevreila-Stausee.

Trun: Gründungsort des Grauen Bundes; Disentiser Hof (Heimatmuseum).

Somvix: barocke Johanneskirche, Kapelle Sogn Benedetg.

Disentis: Kur- und Wintersportort; barocke Benediktinerabtei; Pfarrkirche mit spätgotischem Strigelaltar; Kapellen St. Agatha und Acletta mit Wandmalereien; Klostermuseum.

Sedrun: Wintersportort; Burgruine Pontaningen.

Tschamut: letztes Dorf vor dem Oberalppass.

Oberalppass: 2033 m; Grenze zwischen den Kantonen Graubünden und Uri.

Andermatt: an der Gotthardstraße gelegen; Verkehrsknotenpunkt Wintersport- und Bergsteigerzentrum; Rathaus aus dem Jahr 1583; Barockkirche St. Peter und Paul; Schöllenenschlucht.

Hospental: Burgruine aus der Zeit um 1200.

Realp: Furka-Basistunnel.

Durch das Vorderrheintal

In **Reichenau-Tamins** fädelt der Glacier-Express sich jetzt in den unteren Schienenstrang ein, den wir bei der Ankunft bereits von oben gesehen haben. Ganz dicht fahren wir am Flusslauf des Vorderrheins entlang, denn das Tal wird eng und immer enger; da gibt es keinen Platz für Extratouren. An einer Felswand sehen wir eine Wasserstandsmarkierung, datiert vom 25.9.1927 unvorstellbar, wie der Rhein als reißender Strom damals hier durchgebrochen sein muss!

Das Tal verengt sich weiter, zur Schlucht, zum Canyon, möchte man sagen. Denn der Eindruck ist fast exotisch. Die **Rheinschlucht** – Ruinaulta auf rätoromanisch – ist einzigartig auf ihre Weise. Es gibt nichts Vergleichbares in

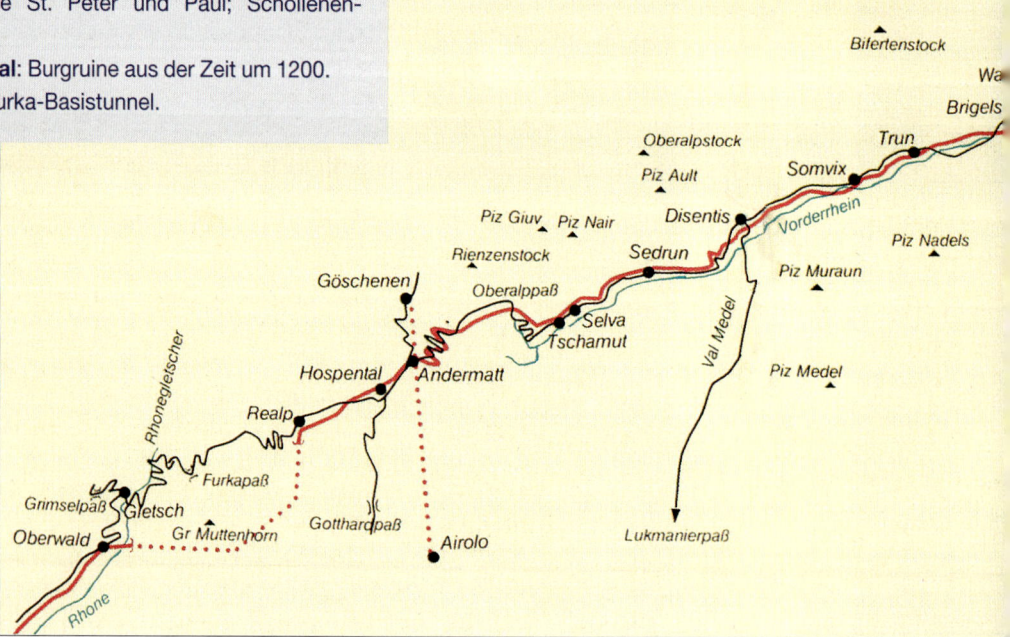

46

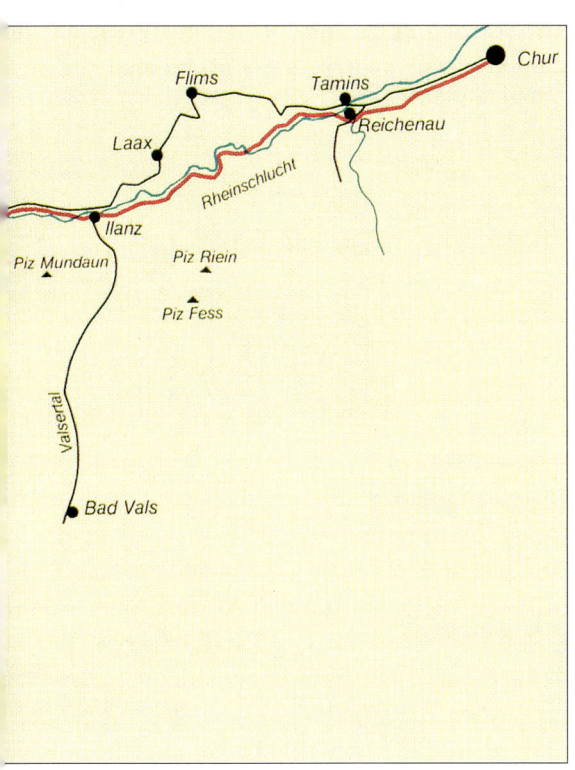

Die Panoramawagen des Glacier-Express bieten einen ungetrübten Ausblick auf die schneebedeckten Gipfel

Graubünden, ja in der gesamten Schweiz! Diese Schlucht ist das Ergebnis des größten Bergsturzes, den die Alpen wahrscheinlich jemals erlebt haben: Während der Endphase der letzten Eiszeit sind hier Gesteinsmassen von gewaltigen Ausmaßen aus dem Gebiet zwischen Flimserstein und Piz Grisch abgerutscht, der »Flimser Bergrutsch«. Man schätzt die Ablagerung der Kalk- und Kreidegesteine auf zehn bis fünfzehn Kubikkilometer. Der Rhein staute sich, bildete einen riesigen See und konnte sich erst im Laufe von ungezählten Jahrtausenden einen neuen Weg durch diese Barriere erkämpfen.

Bizarre Gesteinsformen sind zu sehen: Pyramiden, Zacken und Türme, Höhlen, Spalten und Tore, und alles in eigenartig verwaschenen Kalkfarben. Große Flächen der Bergsturzlandschaft werden auch von prächtigen Wäldern bedeckt, die vorwiegend aus Weißtannen, Föhren, Fichten und Bergbuchen bestehen. Die übrige Welt bleibt für unsere Augen unsichtbar. Nur winzige Bahnstationen, an denen unser

Genuss pur im Salonwagen des „Alpine Classic Pullman Express". Unten dessen Wappen auf einem der historischen Wagen der Rhätischen Bahn

Express ohne Halt vorüberfährt, erinnern daran, dass da noch Leben sein muss jenseits der Tannenspitzen, die sich an den Rändern der Schlucht hoch über uns in den Himmel bohren. Und ob da Leben ist! Auf den fruchtbaren Mittelgebirgsterrassen beiderseits der Schlucht, die den Übergang zu den Gebirgsketten im Süden und Norden bilden, haben sich freundliche Dörfer angesiedelt. Zwei unter ihnen sind längst mehr als das: Flims und Laax haben sich als Sommerkurorte, vor allem aber als Skigebiet unter dem Namen »Weiße Arena« einen berühmten Namen gemacht. Bis auf dreitausend Meter Höhe surren die Lifte am Piz Vorab, dessen sanfte Gletscherhänge auch als Sommerskigebiet dienen müssen. Wenn unser Zug die Rheinschlucht verlässt, können wir rechts oben noch die klotzige Bergstation Crap Sogn Gion erkennen.

Über Flims und Laax führt auch die Autostraße, für die in der Schlucht kein Platz mehr war, ins Oberland. Als man in Graubünden anfing, Auto zu fahren, hatte die Rhätische Bahn schon längst die einzig mögliche Trasse besetzt. Nutznießer dieser Reihenfolge sind unter anderem die Bienen (und ihre Imker), deren Körbe wir dicht neben der Bahnlinie stehen sehen. Der Waldhonig des Bündner Oberlandes wird mit Recht hoch geschätzt. Stünden die Bienenkörbe ebenso nahe an einer vielbefahrenen Autostraße, wäre der Honig sicher weniger beliebt ...

Unterdessen hat die Rheinschlucht den Zug und uns aus ihrer Umklammerung entlassen. Ein weiter Wiesengrund öffnet sich; der Glacier-Express fährt in den Bahnhof Ilanz ein. Wir sind nun schon mitten im Bündner Oberland, rätoromanisch Surselva – das Tal jenseits des (Flimser) Waldes.

Vom Zugfenster aus gesehen, macht **Ilanz** – »die erste Stadt am Rhein« – nicht viel von sich her. Der kleine Marktort hat eine ansehnliche Vergangenheit, von der noch Teile einer Befestigungsmauer sowie zwei Stadttore künden. Im Ortsbild fallen einige Patrizierhäuser mit schönen Portalen auf, am meisten die Casa Gronda aus dem Jahr 1677.

Warum fährt unser Express nicht weiter? Ein Tafelwagen mit Milchkannen wird gerade über die Gleise gezogen, und Milch hat in der Schweiz allemal Vorfahrt!

Bleiben wir also noch ein wenig in Ilanz – wegen der Umgebung. Hier zweigt nach Süden das **Valsertal** ab. Es wird vom Valserrhein durchflossen, einem Flüsschen, das man auch den Mittelrhein nennt, wohl um es etwas aufzuwerten. Doch kann es mit den großen Brüdern, dem Vorder- und dem Hinterrhein, bei weitem nicht mithalten. Am Ende des Tales liegt Bad Vals, renommiert als Kurort, als Thermal- und Mineralbad. Hinter Bad Vals wird das Hochtal wild, bis der Betondamm des Zevreila-Stausees ihm ein »widernatürliches« Ende setzt. Bad Vals erhielt seinen Namen von den

Walsern, denen wir noch eine kurze Betrachtung widmen wollen. Im 13. und 14. Jahrhundert sind die deutschstämmigen Walser aus dem Wallis ausgewandert, wo es ihnen zu eng geworden war. Charakteristisch ist für die Walser, die schon im Wallis Hochlandsiedler gewesen waren, dass sie immer von oben, über die Pässe gekommen sind, zum Beispiel über den Furkapass ins Urserental und weiter über die Oberalp ins Rheintal, sozusagen entlang der Strecke des Glacier-Express. Andere sind über Splügen ins Valser- und Safiental eingewandert. Die unteren Lagen überließen sie den Romanen. Sie selbst sind in den oberen Regionen geblieben, wo sie genügend Platz für ihre Weidewirtschaft fanden. Wo dieser allerdings nicht ausreichte, haben sie durch massive Rodungen die Waldgrenze in ihren Siedlungsgebieten von durchschnittlich 2150 Meter auf etwa 1800 Meter gesenkt – ein Eingriff, dessen nachteilige Folgen man erst sehr viel später erkannt hat, der aber längst nicht mehr zu reparieren ist.

Längst sind die Siedlungsgebiete nicht mehr so klar getrennt. Doch die Architektur in Stein oder Holz ist verräterisch. Immer noch sieht man fast jedem Dorf in der Surselva, im Domleschg, im Rheinwald an, ob es romanischen oder deutschen Ursprungs ist.

Ilanz liegt inzwischen hinter uns. Eine Schlucht ist es nicht mehr, die wir nun durcheilen, aber ein tiefeingeschnittenes Tal, und die alten Dörfer breiten sich erst oberhalb des Einschnitts auf saftigen Wiesenmatten aus: Waltensburg und Brigels auf der sonnigen rechten Seite, Surcuolm und Obersaxen auf der linken, um nur die bekannteren Orte zu nennen.

Trun heißt die nächste Station. Der kleine Ort ist Graubündnern mit Geschichtsbewusstsein wichtig. Anno 1424, am 16. März, wurde hier unter dem legendären Ahornbaum der Obere oder Graue Bund (La Ligla Grischa), der zur Keimzelle des Kantons werden sollte, beschworen.

Die treibende Kraft zu diesem Landfriedensbündnis ist der Abt des Klosters Disentis gewesen, beteiligt waren die großen Feudalherren

und die (romanischen wie deutschen) Gemeinden der beiden Rheintäler, später auch des Misox. In diesem Zusammenschluss kann man einen charakteristischen Zug schweizerischer Staatsbildung erkennen.

Speisen auf Reisen: Im Glacier Express wartet immer ein gedeckter Tisch. Alle Gerichte werden in der kleinen Küche frisch zubereitet

Der alte Ahorn steht nicht mehr. Doch aus seinem Samen wurde ein junger Sprössling gezogen, der jetzt auch schon über hundert Jahre in seinem Stammbaum hat. Der »Disentiser Hof« steht allerdings noch und dient heute als Heimatmuseum. Sein repräsentativstes Stück ist der Gerichtssaal, in dem die Boten der 21 Gerichtsgemeinden alljährlich unter dem Vorsitz des Landrichters zusammentrafen, um zu beraten und zu entscheiden. Im Saal sind die gemalten Wappen aller Landrichter seit 1424 zu sehen. Auch die anderen Stuben zeigen wertvolle Einrichtungsstücke. – Die Kapelle neben dem Ahorn ist der Sankt Anna geweiht, ein schöner Barockbau aus dem Jahr 1704 mit prächtigem Schnitzaltar.

Weiter geht die Fahrt – am **Somvixtal** (Val Sumvitg) vorbei, das im Jahr 1980 ein Erdrutsch von der Außenwelt abgeschnitten hat; die »Rutschbahn« ist noch beklemmend deutlich zu sehen. Die Bergspitze im Hintergrund ist der Piz Vial (3168 m), links und rechts von Gletscherfeldern umgeben. Die Bergwelt südlich des Rheintales ist merkwürdigerweise wenig bekannt, aller-

Lag Serein mit Medelsergletscher

Einfahrt in den Bahnhof von Disentis: Hier endet das Netz der Rhätischen Bahn

dings auch wenig erschlossen. Wer über die »überlaufenen Alpen« klagt, braucht nur die gängigen Trampelpfade des Alpinismus zu verlassen. Er wird noch genügend Reservate der Einsamkeit finden, wie zum Beispiel hier, auf den Gipfeln und in den Tälern zwischen Lukmanierpass und Kleinem Sankt Bernhard. Das Dorf Somvix liegt am Hang gegenüber dem gleichnamigen Tal und hat eine Johanneskirche mit überraschend üppiger Barockausstattung. Der Rhein ist hier nun schon sehr viel bescheidener. Ein munter und unbeschwert sprudelnder Bergbach, der sich's noch nicht träumen lässt, dass aus ihm einmal ein stolzer Strom und gewissermaßen auch ein Politikum werden soll.

Vor uns wird ein kolossales Kloster sichtbar, darunter der dazugehörige Ort. Ein paar Windungen noch, dann fährt der Glacier-Express im Bahnhof Disentis ein.

Disentis – ein Kloster in der Wildnis

Verglichen mit Chur war die Surselva – das Vorderrheintal zwischen Ilanz und Disentis hinterwäldlerisch, was ja auch in ihrem Namen zum Ausdruck kommt. Während Chur sich zum Umschlagplatz für den Handel und Wandel über die Pässe entfalten konnte, schien in der Surselva die Welt ringsum mit Brettern vernagelt zu sein. Der richtige Platz also für einen Einsiedler, der seine Mission ernst nahm.

Um das Jahr 700 kam ein schlichter Mönch namens Sigisbert den Rhein heraufgezogen. Als er einen Platz gefunden hatte, der ihm weitab genug schien von allen diesseitigen Verstricktheiten, baute er dort eine Kapelle in den Wald. Im damals allein maßgeblichen Kirchenlatein hieß dieser Ort Desertina (Wildnis) – was dem

Das Tal des Vorderrhein ist zu allen Jahreszeiten ein Erlebnis – ob beim sommerlichen Golfen oder beim romantischen

Sigisbert bestätigte, die richtige Wahl getroffen zu haben.

Doch die Geschichte hat ihre eigene Dynamik. Schon um 750 gründete ein Bischof Ursicinus ein Kloster in der Einsiedel nach den benediktinischen Ordensregeln, die hier noch heute gelten. Das erregte sogleich das Missfallen des mächtigen Bischofs in Chur, der seinen möglichen Rivalen ganz unchristlich beseitigen ließ. Doch dessen Nachfolger übte Sühne und machte dem Kloster großzügige Schenkungen in der Surselva. Diese bildeten den Grundstock des bis in die Gegenwart hinein umfangreichen klösterlichen Grundbesitzes. Die Mönche machten sich unverzüglich an die Arbeit, zogen Siedler heran, rodeten die sonnigen Terrassen um Disentis und im Val Medel und verkündeten den christlichen Glauben, auch jenseits des Oberalppasses. Größere Bedeutung

Seite 52/53: Mächtig thront die gewaltige Klosteranlage über dem kleinen Alpenort Disentis

erlangte der andere Pass, der Lukmanier, zunächst allerdings im negativen Sinn. Anno 940 fielen sarazenische Horden vom Tessin her ins Rheintal ein und plünderten das Kloster, bevor sie Chur und Sankt Gallen heimsuchten. Es sieht so aus, als hätten erst sie auf einen vorteilhaften Weg durch die Alpen aufmerksam gemacht.

Jedenfalls: Nachdem der »Sarazenen-Spuk« verschwunden war, überschritt Kaiser Otto I. im Jahr 965 den Lukmanierpass auf der Flucht vor der Pest in Mailand. Bald wurde dieser Pass zur bevorzugten Route deutscher Rompilger, woraus das Kloster seinen Nutzen zu ziehen wusste. Es übernahm die Sicherung des Reise- und Warenverkehrs und sorgte so für den guten Ruf des Passes, der allein von Kaiser Friedrich Barbarossa dreimal benutzt wurde. Die Anerkennung für diese Verdienste blieb nicht aus. Schon im Jahr 1048 war die Abtei für reichsunmittelbar erklärt worden; ihr Territorium führte jetzt den Namen »Cadi« (Casa del = Haus Gottes). Der Abt als Feudalherr besaß die

Wintervergnügen: Campen im Iglu

hohe und niedere Gerichtsbarkeit sowie die Rechte der Jagd, der Fischerei und des Bergbaus. Sein Herrschaftsgebiet reichte von der Furka bis vor Ilanz und über den Lukmanier hinweg; in der lombardischen Ebene hatte die Abtei Streubesitz und pflegte rege Beziehungen zu den Herzögen von Mailand.

Zunehmenden Wohlstand verdankte die Surselva und mit ihr die »Cadi« den Walsern aus dem Wallis, deren Einwanderungswelle im 13. Jahrhundert ihren Höhepunkt erreichte. Die Walser waren es gewöhnt, hart zu arbeiten, sie hatten einen ausgeprägteren Erwerbs- und Eigentumssinn als die romanischen Ureinwohner. Deren Anpassungsbereitschaft dürfte es zu verdanken sein, dass es dennoch nicht zu ernsten Konflikten mit den Einwanderern kam. Die Walser dominierten auf allen Gebieten, und im 14. Jahrhundert war die Surselva praktisch germanisiert. Erst im 17. und 18. Jahrhundert setzte wieder eine rückläufige Bewegung ein. Heute empfinden wir die Bevölkerung eher als rätoromanisch denn als deutsch. Das erkennt

man selbst in den Details: Vom vorbeifahrenden Zug aus kann man beispielsweise Wörter wie »Garascha«, »Drogaria« oder »Restorant« lesen, die wohl signalisieren sollen, dass man sich hier die Pflege der romanischen Sprache und Kultur angelegen sein lässt.

Im 14. Jahrhundert ging es im »Heiligen Römischen Reich Deutscher Nation« drunter und drüber; da wog die Reichsunmittelbarkeit nicht mehr schwer. Nicht nur in den Urkantonen der Schweiz mit ihrem Nationalhelden Wilhelm Tell begann man sich auf die eigenen Möglichkeiten und Interessen zu besinnen und sich gegen die Fremdherrschaft aufzulehnen. In dieser Zeit des Umbruchs erlebte die Surselva schlimme Krisen und blutige Privatfehden zwischen machthungrigen Feudalherren und den aufkommenden demokratischen Kräften in den ländlichen Gemeinden. Wie wir schon gesehen haben, ist es nicht zuletzt den Äbten von Disentis zu verdanken, dass allmählich Formen des regionalen Zusammenlebens gefunden worden sind, aus denen zunächst der

»Graue Bund«, dann die »Rätische Republik Graubünden« und schließlich der Kanton der Schweizerischen Eidgenossenschaft entstehen konnte.

Das sagt sich so einfach dahin. Doch ein langer Weg ist noch zurückzulegen gewesen von den Anfängen der Bünde über die Wirren von Reformation und Gegenreformation im 16. Jahrhundert, die dynastischen Auseinandersetzungen im 17. Jahrhundert und die Napoleonischen Kriege um 1800 – in deren Verlauf französische Truppen Dorf und Abtei Disentis gebrandschatzt haben – bis zur heute von aller Welt neidvoll bewunderten friedlichen Existenz der neutralen Schweiz. Die Abtei hatte sich mit einem unaufhaltsamen Verlust an politischer Macht abzufinden. Doch in dem Maße, in dem sie Macht durch geistigen Einfluss ersetzte, blieb sie ein bestimmender Faktor im Spiel der Kräfte.

Die Rolle, die das Kloster auf kulturellem Gebiet spielt, ist verdienstvoll: Es kümmert sich um die Erhaltung der rätoromanischen Überlieferung, insbesondere der Sprache, und sorgt dafür, dass die Jugend der Surselva eine gediegene Schulbildung bekommt. Auf einem dritten Gebiet wirkt es geradezu segensreich: Als größter Grundbesitzer weit und breit nimmt es direkten Einfluss auf eine organische, maßvolle Entwicklung der Gemeinde Disentis.

Der mächtige, das Tal weithin beherrschende Baukomplex des Klosters stammt im wesentlichen aus der Zeit zwischen 1695 und 1712. Die Klosterkirche mit der doppeltürmigen Fassade ist ein Werk des Vorarlberger Baumeisters Kaspar Moosbrugger. Die prachtvolle Barockanlage gehört zu den schönsten sakralen Innenräumen auf schweizerischem Boden. Der frühbarocke Hochaltar ist im Jahr 1656 im bayerischen Deggendorf entstanden. Das Klostermuseum birgt eine einzigartige Sammlung mittelalterlicher Plastik aus Graubünden.

Die Schätze, die das Kloster – trotz Krieg, Plünderung und Feuersbrunst – im Lauf der Jahrhunderte gesammelt hat, können nicht darüber hinwegtäuschen, dass die »Cadi« immer eine arme Region gewesen ist. Im 19. Jahrhundert

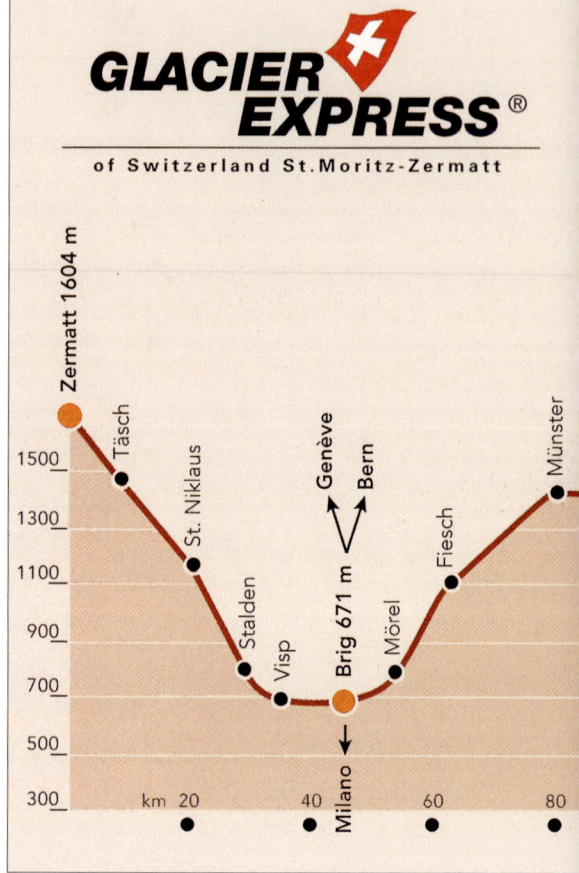

Berg- und Talbahn: Hoch und runter geht es mit dem Glacier

nahm die Auswanderung besorgniserregende Ausmaße an; viele Kinder wurden als »Schwabengänger« nach Süddeutschland vermietet, wo sie den Bauern als billige Hilfskräfte zu dienen hatten. Eine neue Auswanderungswelle begann sich in der zweiten Hälfte des 20. Jahrhunderts abzuzeichnen. Die Verdienstmöglichkeiten in der Landwirtschaft gingen zurück, junge Leute suchten ihre Chance in den Städten.

Allein der Tourismus hat die weitere Entvölkerung des Tales aufhalten können. Heute kann Disentis (1140 m, 2500 Einwohner) seinen Gästen eine gutentwickelte Infrastruktur – darunter ein paar nicht zu übersehende, deplacierte Riesenbauklötze bieten, im Sommer ein unbegrenztes Wander- und Bergtourenrevier, im Winter ein attraktives Skigebiet, das am Piz

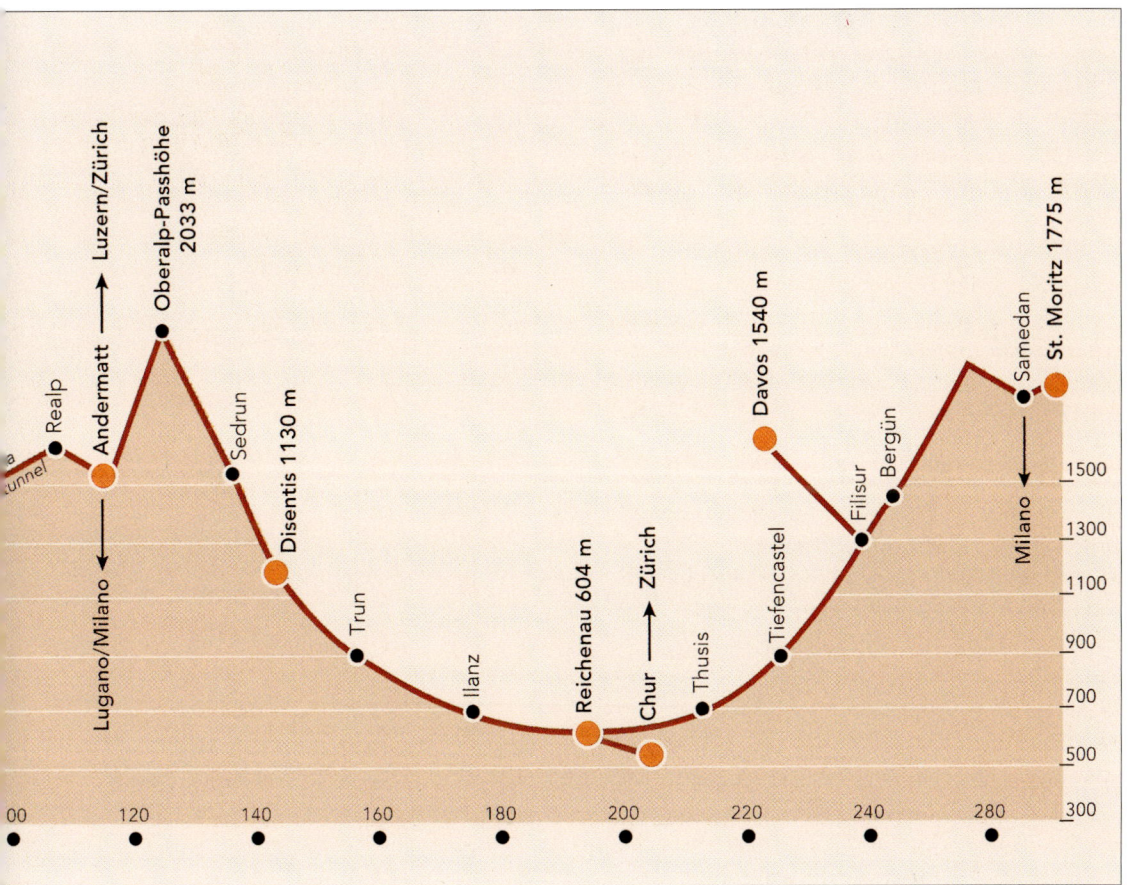

Express. Am Oberalppass erreicht die Bahnlinie mit 2033 Metern über dem Meeresspiegel ihren höchsten Punkt

Ault eine Höhe von 2900 m erreicht. Außerdem ist das Val Medel für seinen Reichtum an Mineralien bekannt.

Über den Oberalppass

Am Bahnhof Disentis überschreiten wir eine Grenze. Wir verlassen das Hoheitsgebiet der Rhätischen Bahn und betreten das Reich der Furka-Oberalp-Bahn. Wenn wir Wert darauf legen, können wir natürlich auf unseren Plätzen sitzen bleiben. Der Glacier-Express ist ein »grenzüberschreitendes Unternehmen« – die gemeinsame Schmalspurweite macht's möglich.

Außerhalb von Disentis ist rechts die Seilbahn zu sehen, die ins Skigebiet hinaufschwebt; mit dem Lift gelangt man sogar bis zum Piz Ault.

Da oben ist auch eine Grenze, eine Sprachgrenze: Dort beginnt der Kanton Glarus, und die Berge tragen biedere deutsche Namen: Oberalpstock, Chrüzlistock, Schattig Wiehel und so weiter. Aber sie verstecken sich vor den Blicken aus dem Tal. Links dagegen ein letzter Gruß aus dem Val Medel und seiner Gletscherwelt, wo die Gipfel romanisch geblieben sind: Piz Uffiern, Cima di Camadra, Piz Medel ...

Sedrun: ein freundliches Dörfchen, beliebt bei Familien im Sommer wie im Winter. Hier endet eine herrliche Skitourenabfahrt vom Oberalpstock (3328 m) herunter – übrigens der erste nennenswerte Berg, der von Skifahrern bestiegen worden ist. Das war immerhin schon um 1895. Skigeschichte. Wer hätte damals ahnen können, was aus der Passion von ein paar »Spinnern« einmal werden würde?

Winterliche Freuden in und um Sedrun

Was für ein Panorama! – mit dem Glacier-Express in die Surselva

Wir befinden uns jetzt im Tavetsch, dem obersten Teil des Vorderrheintales. Die Steigung beginnt spürbar stärker zu werden – und da gibt es auch schon einen harten Ruck: Das Zahnrad ist in die Zahnstange eingehängt worden.

Selva: der Name deutet auf Wald hin. Doch von dem ist hier, außer jungen Lawinenschutzwäldern, wenig zu sehen. Das war einmal anders. Um Weideflächen zu gewinnen, haben die früheren Bewohner die Wälder gerodet und ihren Nachkommen damit große Sorgen bereitet. Jahrhundertelang war das Tavetsch ein besonders gefürchteter Lawinenstrich, sind die Dörfer wiederholt zerstört worden und viele Menschen den Weißen Tod gestorben. Jetzt bemüht man sich durch den Bau aufwendiger Schutzbauten, Galerien und Tunnels, die Fehler der Vergangenheit zu korrigieren. Die Winter sind lang und hart. Es scheint unmöglich, die Autostraße über den Pass frei-

zuhalten. Die Bahnleute aber haben es geschafft: Im Jahresdurchschnitt kommt man nur an zehn Tagen auch mit der Bahn nicht über den Pass!

Tschamut heißt das letzte Dorf vor dem Pass – und das erste am Rhein, von dem es nun endgültig Abschied nehmen heißt. Die Geographen haben sich darauf geeinigt, die Hänge um den Lai da Tuma (Toma-See) zum Quellgebiet des Vorderrheins zu erklären. Und von dort oben kommt ja auch ein wilder, ungestümer Bergbach ins Tavetsch heruntergesprungen.

Doch er hat noch Brüder, eine ganze Menge sogar. »Im Dutzend billiger« könnte man sagen, würde man damit nicht der Würde von Vater Rhein zu nahe treten.

Jedenfalls: jedes Hochtal hier in der Gegend – notabene: auf der Südseite – hat seinen Bach, und jeder Bach ist ein Rhein oder Rein. So gibt es, um nur einige zu nennen, den Valser Rhein, den Rein de Medel, Rein de Sumvitg, Rein de Nalps, Rein da Cristallina, Rein da Maighels, Rein da Curnera, Rein da Tuma. Der Nalps und der Curnera sind übrigens zu Speicherseen aufgestaut, deren mächtige Mauern wir im Vorüberfahren hoch über der Bahnlinie sehen können.

Auf den Wiesen von Tschamut stehen vereinzelt noch Kornhisten, harfenartige Holzgerüste zum Trocknen des Getreides. Früher sind im Tavetsch bis zu einer Höhe von 1700 Meter Roggen und Gerste angebaut worden. Kaum glaublich, wenn man weiß, wie lange der Schnee hier liegen bleibt! Bis in den Sommer hinein kann man entlang der Bahnlinie die Frühlingsblumen blühen sehen, Krokusse und Soldanellen, Himmelschlüssel und Enziane ...

Am Oberalppass (2033 m) passieren wir wieder eine Grenze, diesmal die zwischen den Kantonen Graubünden und Uri. Der Oberalpsee lädt nicht unbedingt zum Bade; man kann es ihm deutlich ansehen, dass er viel zu kalt ist. Im Sommer wirkt die Passhöhe kahl und unwirtlich. An schönen Wintertagen gefällt sie mir besser: Eine festliche Farbsinfonie in Weiß und Blau, die von keinem Missklang gestört wird! Als Dorado für Skibergsteiger sind die Berge beiderseits des Passes nur in der Umgebung bekannt. Glückliche Schweiz, die so viele Möglichkeiten bietet!

Zwischen Oberalppass und Andermatt müssen auf kurze Distanz sechshundert Meter Höhenunterschied überwunden werden. Es bleibt also beim Zahnrad, das bergab nicht dem Antrieb, sondern der Sicherung dient. Sobald die Höhenrücken beiderseits der Passstraße zurücktreten, öffnet sich ein weiter, prachtvoller Blick: Tief unten liegt Andermatt, mächtig überragt vom Massiv des Gemsstocks. Achten Sie auf das winzig wirkende Waldstück oberhalb des Ortes! Es ist das letzte Stückchen Schutzwald, das Andermatt und seine Bewohner vor Lawinen beschützen kann. Einst ist der ganze Hang bewaldet gewesen. Zu spät hat man die buchstäblich existentielle Bedeutung der Schutzwaldfunktion erkannt.

In drei großen Serpentinen senkt sich die Trasse; ständig wechseln die Perspektiven mit der Fahrtrichtung: im Süden die Gipfel um den Sankt Gotthard, im Westen das zunächst breite Urserental (bei klarem Wetter sind die Straße

Im winterlichen Tschamut

zum Furkapass und das alte Passhotel zu erkennen), im Nordwesten die Spitzen des Salbitschijens (2571 m), im Norden der Eingang zur Schöllenenschlucht. Drei Kehrtunnels müssen wir noch durchfahren. Kurz darauf hält der Glacier-Express im Bahnhof Andermatt.

Andermatt an der Gotthardstraße

Heute würde man Andermatt als »Drehkreuz« bezeichnen können, denn es ist die Ausgangsstation zu drei großen Alpenpässen: zum Oberalp-, Furka- und Gotthardpass. Früher hat man diese Lage poetischer gesehen. In der kleinen Karls-Kapelle in Hospental fragt eine Inschrift den Reisenden:

Hier trennt der Weg, o Freund,
wo gehst du hin?
Willst du zum ew'gen Rom hinunterziehn?
Hinab zum heil'gen Köln,
zum deutschen Rhein?
Nach Westen weit ins Frankenland hinein?

Zum ew'gen Rom führt(e) die Straße über das Gotthardmassiv, den mächtigen, unwirtlichen Gebirgsstock, der schon Goethe so beeindruckt hat, als er im November 1779 den alten Saumweg zum Pass hinaufwanderte und oben im

Am Oberalppass

Kapuzinerhospiz übernachtete. Er erkannte ihm den »Rang eines königlichen Gebirges« zu, »weil die größten Ketten bei ihm zusammenlaufen und sich an ihn lehnen«. Nun, die Gipfel um den Gotthard sind nicht so gewaltig, wie Goethe meinte. Der höchste ist der Pizzo Rotondo, mit 3192 Meter gut tausend Meter höher als der Pass (2109 m). Doch diese Überschätzung hatte Tradition. Schon die Römer waren

der Meinung gewesen, dass die Alpen hier ihren höchsten Punkt erreichten.

Das war nicht der einzige Grund dafür, dass der Gotthardpass vergleichsweise spät als Alpenübergang erschlossen worden ist. Insbesondere von Norden her kam man ihm nur auf umständlichen Wegen nahe. Noch bis zur Mitte des 19. Jahrhunderts musste man mit dem Schiff von Brunnen nach Flüelen über den Vierwaldstätter See fahren. Erst die berühmte und exponierte Axenstraße öffnete den Landweg. Vor allem aber die »grausige« Schöllenen-

schlucht unmittelbar nördlich von Andermatt! Nur ein Pakt mit dem Teufel hatte, wie Legenden berichten, den Wegebauern geholfen, die tief eingeschnittene Schlucht der tosenden Reuß zu überbrücken. Deshalb gibt es heute noch eine alte und eine neue Teufelsbrücke zu bestaunen, über die mittlerweile ein eindrucksvoller Wanderweg von Andermatt nach Göschenen führt.

Durch die Schöllenenschlucht zwängt sich der sicherlich abenteuerlichste Verkehrsstrang der an aufregenden Straßen nicht gerade armen

Schweiz: Neben dem verfallenen Saumpfad und dem alten Postkutschenweg – hier erinnert das Suworow-Denkmal an eine blutige Episode (1799) aus den Kämpfen zwischen Franzosen und Russen im Napoleonischen Krieg – gibt es noch die gut ausgebaute Landstraße und sogar eine Bahntrasse: Die »Schöllenenbahn« stellt von der Station Göschenen der Gotthardbahn aus den Anschluss an die Furka-Oberalp-Bahn her. Auf einer mit Tunnels und Schutzgalerien gespickten Strecke von knapp vier Kilometer hat sie dreihundert Meter

Höhenunterschied zu bewältigen, bei Steigungen bis zu 17,9 Prozent wird durchgehend mit Zahnradantrieb gefahren.

Alle diese Trassen mussten einer äußerst widerspenstigen Natur abgerungen werden. Spät zwar, doch unaufhaltsam entwickelte sich der Gotthardpass zum wichtigsten Handelsweg zwischen Basel und Mailand, zwischen Südwestdeutschland und der Schweiz einerseits sowie Oberitalien andererseits, also zwischen Regionen von ständig zunehmender wirtschaftlicher Bedeutung. Daher ist dieser Pass auch einer der ersten gewesen, dem die neuzeitliche Technik mit ihren Mitteln zu Leibe rückte: Im Jahr 1882 ist der fünfzehn Kilometer lange Eisenbahntunnel zwischen Göschenen und Airolo eröffnet worden, knapp hundert Jahre später (1980) der etwa gleich lange Straßentunnel. Man muss sich das einmal vorstellen: Während wir hier im Bahnhof Andermatt halten, fluten dreihundert Meter unter uns unablässig Autos und Eisenbahnen durch den Berg!

Auch darüber könnte man sich Gedanken machen: Andere Nationen haben Kriege geführt, Kolonien zusammengerafft, um Macht und Größe gekämpft. Die Schweizer haben nichts dergleichen getan, sondern Verkehrswege durch ihre unzugängliche Bergwelt geschlagen. Die ihnen dabei abverlangte Energie und Phantasie waren kaum weniger bedeutend, die Blutopfer indessen, selbst wenn es Tausende gewesen sind, unvergleichlich geringer; die »Siege« aber waren von Dauer und einträglich außerdem!

Andermatt (1436 m) ist als Sommererholungsort und Wintersportplatz gleichermaßen beliebt. Von hier aus schwebt die Gotthard-Luftseilbahn zum Gemsstock (2963 m) hinauf, ins Zentrum eines attraktiven Bergtouren- und Skigebietes. Zum historischen Ortsbild gehören das Rathaus aus dem Jahr 1583, das nach einem Brand im 18. Jahrhundert unter Ver-

Der Glacier-Express auf der Richlerenbrücke im Userental

An Zahnstangen klettert der »Glacier Express« zum Oberalppass hinauf

wendung alter Bauteile wieder aufgebaut worden ist, die schöne Barockkirche St. Peter und Paul, schließlich auch die »Granitschienen« in der Hauptstraße, auf denen die Räder der Postkutschen sanfter gerollt sind als auf dem sonst üblichen Kopfsteinpflaster.

Unter dem Furkapass hindurch

Weiter geht die Fahrt ins Urserental hinein, ein typisch eiszeitliches Trogtal. In Hospental erinnert eine Burgruine aus der Zeit um 1200 mit ihrem mächtigen Turm an den verblichenen Ruhm der Herren von Hospental. Unmittelbar beim Ort beginnt die Straße über den Sankt-Gotthard-Pass ihren letzten langen Anstieg zur Passhöhe. Wegen der eindrucksvollen

Ausblicke unterwegs ziehen sie viele Autofahrer im Sommer der finsteren Tunnelröhre vor. Wenig später sind wir schon in Realp, wo der Glacier-Express mit uns im Furka-Basistunnel verschwindet. Der Tunnel ist 15,4 Kilometer lang, erreicht auf seinem Scheitelpunkt eine Höhe von 1564 Meter und ist im Frühjahr 1982 als Schlussstück der einzigen ganzjährigen Ost-West-Verbindung im Alpenraum eröffnet worden.

Bevor der Furka-Basistunnel existierte, musste sich die Bahn mühsam zu einer Höhe von über 2100 Meter hinaufkämpfen. In einem zwei Kilometer langen Tunnel unterfuhr sie den Fur-

Als der Glacier-Express noch seinen Weg über die alte Furka-Bergstrecke nahm und deshalb nur im Sommer fahren konnte, entstand diese Aufnahme am Rhonegletscher

kapass (2431 m) und kletterte jenseits auf steiler Trasse, am Rhonegletscher vorbei, wieder abwärts ins Tal. Trotz des Tunnels war die Strecke höchstens fünf Monate im Jahr passierbar. Während der übrigen Zeit herrschten oben winterliche Verhältnisse, oder es mussten die Verwüstungen beseitigt werden, die der Winter – insbesondere durch die zahlreichen Lawinen, die Jahr für Jahr die Trasse tief unter sich begruben – angerichtet hatte.

Um vorhersehbare Schäden zu vermeiden, musste die Steffenbachbrücke zwischen Realp und Tiefenbach, die auf diese Weise zu einer gewissen Berühmtheit gelangt war, jedes Jahr im Herbst eigens abgetragen und im Frühjahr wieder montiert werden. Die Verhältnisse, unter denen diese Arbeit geleistet werden musste, ließen keinen Einsatz von Maschinen oder auch nur Zugtieren zu. Allein ein paar Flaschenzüge haben die menschliche Muskelkraft unterstützen können, wenn es darum ging, die schweren Eisenträger Zentimeter um Zentimeter vorwärts zu bewegen. Heute schon klingen die Erzählungen der Beteiligten wie Legenden aus heroischer Zeit.

Auch auf anderen Gebieten bedeutete der Furka-Basistunnel einen erfreulichen Fortschritt: Den Autofahrern erschließt er den Übergang von der Zentralschweiz ins Rhonetal auch während der acht Monate, in denen die Straße über den Furkapass gesperrt ist (Autoverladung Realp—Oberwald). Die Bewohner des oberen Rhonetales bringt er der übrigen Schweiz näher und trägt damit zur Verbesserung der wirtschaftlichen und sozialen Verhältnisse in der lange Zeit ziemlich isolierten Region bei. Und Ihre Fahrzeit, liebe Leser, verkürzt er immerhin um eine halbe Stunde!

Im Kanton Wallis

Goms: oberes Rhonetal.

Oberwald: Pfarrkirche mit Zwiebelturm und reicher Barockausstattung.

Münster: Hauptort des Goms; Pfarrkirche Unserer Lieben Frau mit einem berühmten spätgotischen Flügelaltar (1509); Museum der Kirche mit sakralen Kunstschätzen.

Reckingen: schönste Barockkirche des Wallis; reizvolle Renaissancehäuser.

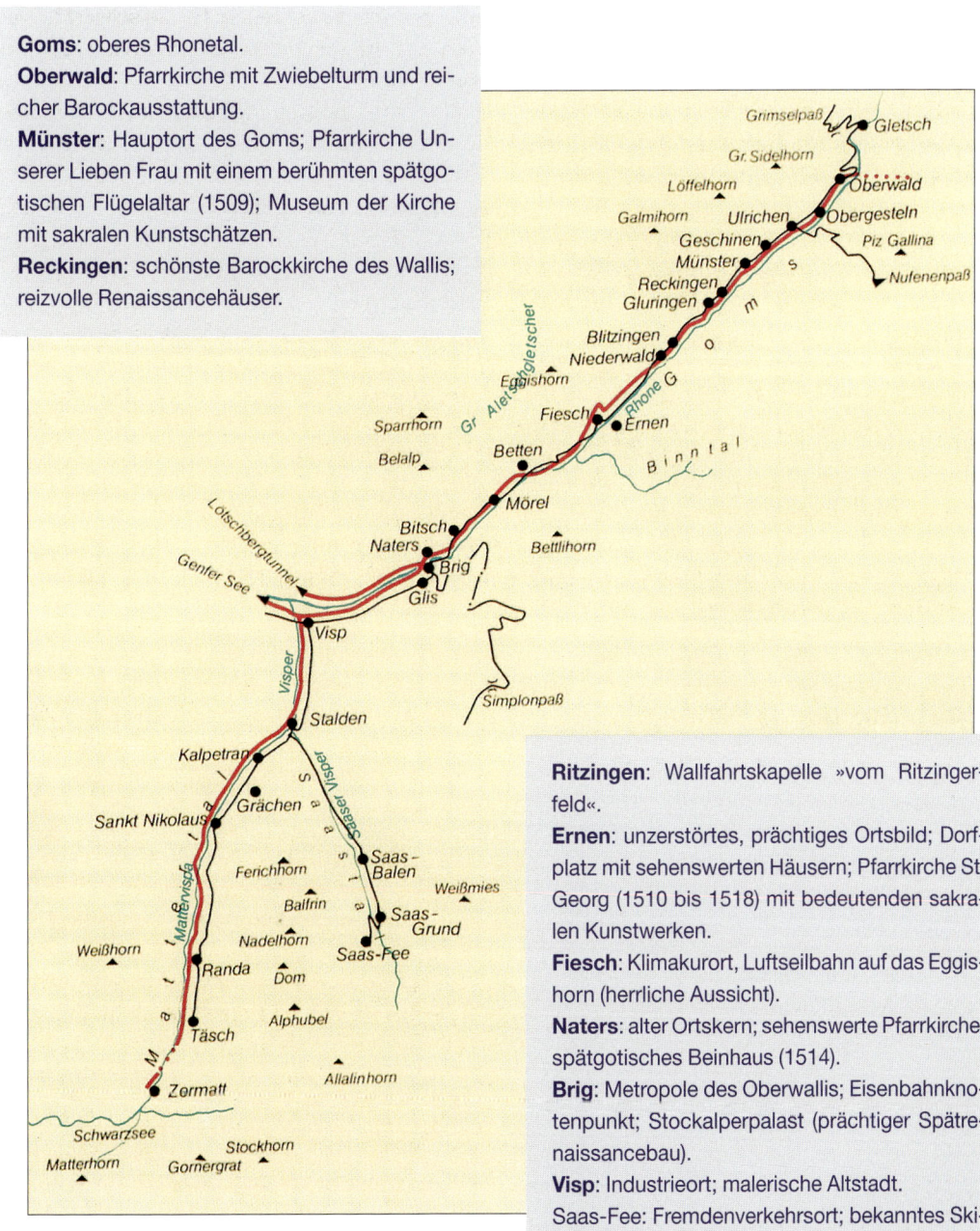

Ritzingen: Wallfahrtskapelle »vom Ritzingerfeld«.

Ernen: unzerstörtes, prächtiges Ortsbild; Dorfplatz mit sehenswerten Häusern; Pfarrkirche St. Georg (1510 bis 1518) mit bedeutenden sakralen Kunstwerken.

Fiesch: Klimakurort, Luftseilbahn auf das Eggishorn (herrliche Aussicht).

Naters: alter Ortskern; sehenswerte Pfarrkirche; spätgotisches Beinhaus (1514).

Brig: Metropole des Oberwallis; Eisenbahnknotenpunkt; Stockalperpalast (prächtiger Spätrenaissancebau).

Visp: Industrieort; malerische Altstadt.

Saas-Fee: Fremdenverkehrsort; bekanntes Skigebiet.

Zermatt: international bekannter Kur- und Bergsteigerort; riesiges Skigebiet; höchste Luftseilbahn Europas (3820 m); Matterhorn (4478 m).

Durch das obere Rhonetal, auch Goms genannt

Wir sind im oberen Rhonetal angekommen, das zum deutschsprachigen Teil des Kantons Wallis gehört. Der deutsche Name der Rhone lautet hier »Rotten«, und der Teil des Tals, den wir zunächst durchfahren, wird von seinen Bewohnern »das Goms« genannt. Er erstreckt sich vom Rhonegletscher abwärts bis in die Gegend vor Brig, genau gesagt: bis zum Dorf Lax. Die Orte, an denen der Glacier-Express nun ohne Halt vorüberfährt, heißen (unter anderem): Reckingen, Gluringen, Ritzingen, Selkingen, Blitzingen – und das klingt, als seien wir irgendwo ins Schwabenland geraten. Aber es klingt nur so. Ein kurzer Blick zurück in die tiefste Vergangenheit des Wallis wird uns des Rätsels Lösung bringen.

Vermutlich im 9. Jahrhundert haben von Norden her über den Grimselpass eingewanderte Alemannen sich im oberen Rhonetal festgesetzt. Als fleißige Leute, die sie damals schon waren, haben sie Wälder gerodet, Weideflächen gewonnen und eine vergleichsweise blühende Viehzucht aufgebaut. Weil sie sich aber auch fleißig vermehrt haben, reichte er karge Boden bald nicht mehr für alle aus. So machten sich viele »Walser« wiederum auf die Suche nach neuen Siedlungsplätzen. Im Westen war ihnen der Weg durch die romanische Bevölkerung des unteren Rhonetales versperrt. Es blieben nur die Wege nach Süden und Osten. Etwa von 1250 an wanderten kleine Walser-Gruppen, rodend und kolonisierend, über die Pässe ins Aostatal und nach Graubünden. Walserkolonien sind auch noch im österreichischen Vorarlberg zu finden.

In ihrer alten Heimat haben die ausgewanderten Walser freilich kein Vakuum hinterlassen. Das mussten die Grafen von Savoyen, die sich das Oberwallis von Westen her einverleiben wollten, ebenso schmerzlich feststellen wie die Herzöge von Zähringen und die Berner Bürger, die es über den Grimselpass versuchten und sich gleichfalls blutige Köpfe holten. Die Natur hatte das Goms zwar nicht mit üppiger Fruchtbarkeit bedacht, doch für seinen Schutz gut vorgesorgt: Die wenigen Pässe waren mühsam und in den langen Wintern gar nicht passierbar; im Westen aber machte die natürliche Bodenschranke am Deischberg unbefugtes Eindringen schwierig.

So hat sich bis in die Gegenwart hinein eine Kulturlandschaft von ungewöhnlicher Geschlossenheit halten können. Im Goms dürfen wir uns noch am Anblick ursprünglicher Dörfer erfreuen, deren Struktur durch kaum einen architektonischen Fremdkörper gestört wird. Von der Sonne fast schwarz gebrannte, schindelgedeckte Häuser aus Lärchenholz, deren ernstes Dunkel von zierlichen weißen Fensterrahmen aufgeheitert wird, scharen sich um die Kirche, den einzigen Steinbau im Ort.

Doch hinter mancher schlichten Holzfassade verbirgt sich mehr, als der Außenstehende ahnt. Vom hohen Standard der handwerklichen Wohnkultur ist schon Goethe beeindruckt gewesen, der anno 1779 die Schweiz bereiste und Anfang November in der Sommerresidenz des Bischofs von Sitten (Sion) zu Münster übernachtete. Unter dem Namen Croix d'Or et Poste ist das Haus heute als eines der schönsten und traditionsreichsten Hotel-Gasthäuser im Wallis weithin bekannt und geschätzt.

Seine wirtschaftliche und kulturelle Blütezeit erlebte das Oberwallis zwischen dem 15. und 18. Jahrhundert. Aus dem Goms kamen bedeutende Bischöfe und Landeshauptmänner, welche die Politik des Wallis im Interesse ihrer engeren Heimat zu lenken verstanden. Für den relativen Wohlstand sorgten nicht nur die Einnahmen aus dem Warenverkehr über die Pässe, sondern auch – die Päpste! In der Päpstlichen Schweizergarde zu Rom waren die Walliser lange Zeit besonders stark vertreten. Ihren Wehrsold aber schickten sie brav in die Heimat, wo er den Lebensstandard der Daheimgebliebenen spürbar verbesserte, doch auch zu gottgefälligen Investitionen verwendet wurde.

Rechts: Welch gewaltige Bergkulisse! –
Der Glacier Express unterhalb von Nätschen

Half die Zahnstange der Lokomotive auf der Berg-
fahrt beim Klettern, so hilft sie auf der Talfahrt
beim Bremsen. – Ein Streckenabschnitt der Furka-
Oberalp-Bahn bei Nätschen

Die Walliser nämlich blieben im 16. Jahrhundert der »reinen katholischen Lehre« uner-
schütterlich treu; kein Reformator vermochte
hier auf Dauer Fuß zu fassen. Und der umfas-
senden Bewegung der Gegenreformation folgten sie mit Inbrunst und Hingabe. Im Goms fei-
erte die kirchliche Kunst des Barock wahre Tri-
umphe. Innerhalb von anderthalb Jahrhunderten sind hier nicht weniger als siebzig Kirchen
und Kapellen errichtet worden. Das 18. Jahrhundert gilt als die große künstlerische Blütezeit, in der sich eine erstaunliche künstlerische
Produktivität konzentrierte: Architekten, Bild-
hauer, Bildschnitzer, Maler, Vergolder, Stukka-
teure schufen eine Vielzahl von reichge-

Das Goms – ein Tal zum Wiederkommen

Sie sehen: Das karge, doch an verborgenen Schätzen reiche Goms lässt sich durch die Fenster des Glacier-Express nur zu einem kleinen Teil wahrnehmen. Allzu vieles muss unentdeckt bleiben. Ich stelle mir also vor, dass Sie bald einmal wiederkommen und sich vorgenommen haben, ein paar Tage am Oberlauf der Rhone zu bleiben. Sie werden es nicht bereuen! Am besten, Sie haben Ihr Auto oder einen Leihwagen per Autoverladung mitgebracht. Nun stehen wir also im Oberwald, am Ende des Furka-Basistunnels, und blicken zunächst einmal zurück:

Da sehen wir, wie die Talstraße sich aufwärts zieht in Richtung Gletsch, unterhalb des einst so stolzen Rhonegletschers. Oben am Gletschertor, in 2140 Meter Höhe, entspringt die Rhone, die nach 812 Kilometer bei Marseille ins Mittelmeer münden wird, nachdem sie »ihr« Tal, den Genfer See und den südöstlichen Teil Frankreichs durchflossen hat.

In Gletsch teilt sich die Straße: Links geht es über den Grimselpass (2165 m) ins Berner Oberland, rechts nach aussichtsreicher Fahrt am Rhonegletscher entlang über den Furkapass (2431 m) nach Andermatt und ins Urner Land »zurück«.

Nun drehen wir uns um und schauen in die andere Richtung, rhoneabwärts. Es heißt ja, dass »Goms« sich von dem romanischen Wort »conque«, was soviel wie Muschelschale bedeutet, ableitet, und wie eine längliche, nach oben geöffnete Muschel liegt das Hochtal der Rhone jetzt vor uns: mit seinem schmalen, vom jungen Fluss durchfurchten Talboden, der von grünen Wiesen, gelben Gersten- und Roggenfeldern ausgefüllt ist; mit den Berghängen an beiden Seiten die vom eiszeitlichen Rhonegletscher geglättet worden sind und sich dann mit Lärchenwäldern bedeckt haben. Darüber aber, weit zurückgezogen, die ferne Region der Gipfel und Gletscher, die auch die großen Wasserreservoire des Tales sind.

schmückten Kirchen, auch in den kleinsten Dörfern, und wirkten weit über die Grenzen des Wallis hinaus.

Der Umbruch in der Folge der Französischen Revolution setzte, wie anderswo auch, dieser »goldenen« Periode ein Ende. 1815 schloss sich das Wallis als einer der letzten Kantone der Schweizerischen Eidgenossenschaft an, mit der es schon seit Jahrhunderten verbunden gewesen war.

Oberwald (1366 m), **Obergesteln**, **Ulrichen** sind die – vom Unterland aus gesehen – letzten ganzjährig bewohnten Dörfer des Goms. In Oberwald, Ortsteil Unterwassern, begegnen uns die ersten typischen Walser-Holzhäuser mit den dazugehörigen Scheunen (Spychern). In Obergesteln zweigt der alte gepflasterte Saumpfad über die Grimsel ab, in Ulrichen die Autostraße über den Nufenenpass ins Tessin, der mit 2478 Meter der höchste Alpenpass der Schweiz ist. Vor allem über den Grimselpass bewegte sich schon in früheren Jahrhunderten ein lebhafter Handelsverkehr zwischen den Haslitalern im Berner Oberland und den Gomsern.

Münster ist lange Zeit neben und in Rivalität zu Ernen, das wir noch kennenlernen werden, einer der beiden Hauptorte des Goms gewesen. Die Gründer des Dorfes hatten sich auf dem Schuttkegel eines Wildbachs angesiedelt, der ihnen nicht allein einigen Schutz vor Lawinen bot, sondern auch ihren Anspruch betonte, eine dominierende Position im Goms einzunehmen. Münster ist die Heimatgemeinde der Familie von Riedmatten, die im 16. und 17. Jahrhundert sechs Walliser Bischöfe – mit Sitz in Sitten – stellen konnte.

Münsters architektonisches Hauptstück ist die Pfarrkirche Unserer Lieben Frau mit dem berühmten spätgotischen Flügelaltar, den Meister Jörg Keller aus Luzern anno 1509 aufgestellt hat, sicher das bedeutendste Kunstwerk des Goms. Die Kirche selbst zeigt unterschiedliche Stilelemente: Der Kirch- und zugleich Wachturm ist romanisch und hat eine spätmittelalterliche Glockenstube, der Neubau des Chors datiert aus dem Jahr 1491 und besitzt typisch spätgotische Kreuzgurtengewölbe, der Neubau des Schiffs ist barockes 17. Jahrhundert, die Ausstattung des Innenraumes und der Vorhalle mit der schönen Kreuzigungsgruppe schließlich zog sich bis in die Mitte des 18. Jahrhunderts hin. Das Museum der Kirche birgt eine Sammlung wertvoller sakraler Kunstschätze.

In und um Münster können Liebhaber noch eine ganze Reihe bemerkenswerter Kapellen mit interessanten Details entdecken. Zumindest ein profanes Bauwerk sollten sie dabei nicht übersehen: den mächtigen Heustadel mit dem ominösen Namen »Z'Jüllsch Stadel«, der auf eindrucksvolle Weise demonstriert, dass man im Goms auch den scheinbar primitivsten Bedürfnissen eine angemessene Bauform zu geben verstand!

Münster ist eines der (kleinen und bescheidenen) Fremdenverkehrszentren im Goms, Standquartier für Leute, die es gern ruhig haben, Kultur und Lebensweise der ansässigen Bevölkerung kennenlernen und sich viel bewegen möchten, zu Fuß natürlich. Zum Beispiel auf dem beschaulichen Rottenweg, der in Ernen beginnt und in Oberwald endet (oder umgekehrt). Ohne nennenswerte Steigung wandert man über die Wiesen des langgestreckten Talgrundes an der munter sprudelnden Rhone entlang, der noch jegliche Würde eines großen, reifen Stromes fehlt. Wer vor maßvollem Auf und Ab nicht zurückschreckt, wird dagegen den Gommer Höhenweg wählen, der sich rechts der Rhone auf Höhen zwischen 1500 und 1800 Meter von Oberwald nach Bellwald hinzieht, mit ständig wechselnden Ausblicken auf das Tal und seine Dörfer, auf Kapellen, Schafherden und Heustadel, auf die Wälder, die hoch hinaufklettern und im Herbst besonders schön anzusehen sind, wenn die Lärchen sich prächtig färben, und auf die hohen, fernen Berge über allem.

Im Winter ist das Goms ein ideales Langlaufrevier mit schneesicheren, gut präparierten Loipen. Speziellen Komfort steuert dann die Furka-Oberalp-Bahn bei. Da die Loipen parallel zur Bahnlinie verlaufen, können »Aussteiger« an jedem Ort zum Bahnhof überwechseln. Damit sie aber nicht unnötig warten müssen, hängt an jeder Abzweigung der Fahrplan der Züge.

Wie Perlen an der Kette folgen unterhalb von Münster die »Schwabendörfer«:

Reckingen mit seiner Barockkirche, dem prächtigsten Sakralbau des kunstreichen 18. Jahrhunderts im Oberwallis (um 1745 er-

Wie im Wintermärchen: Ein Zug der Furka-Oberalp-Bahn bei Niederwald

baut und mit einer herrlichen Orgel ausgestattet), und mit reizvollen Renaissancehäusern (Taffinerhüser) sowie der Rue des Granges, in der ein charakteristisches Ensemble von Speichern und Stadeln erhalten geblieben ist;

Ritzingen mit der Wallfahrtskapelle auf dem »Ritzingerfeld« (erbaut 1687, nach Lawinenzerstörungen im Jahre 1808 erneuert);

Selkingen, das Heimatdorf der berühmten Architekten- und Bildhauerfamilie Ritz, deren Kirchen, Altäre und Innendekorationen keineswegs nur im Oberwallis zu sehen sind;

Blitzingen, wo im Jahr 1819 ein anderer »Künstler« geboren wurde: Alexander Seiler, Begründer der berühmten Hoteliers-Dynastie, die Zermatt groß gemacht hat;

Niederwald schließlich, eines der am wenigsten veränderten Dörfer im Goms und ebenfalls – dies ist wirklich eine merkwürdige Duplizität der Fälle – Heimat eines großen Hoteliers: Hier erblickte Cäsar Ritz das Licht der Welt (1850), den man den Vater der Luxushotellerie nennt und der mit der Eröffnung des »Ritz« an der

Pariser Place Vendôme seinen Namen vielleicht unsterblich gemacht hat.

Bei Niederwald endet der obere, in sich abgeschlossene Teil des Goms. Das Tal verengt sich nun und senkt sich mit einer ausgeprägten Geländestufe nach Fiesch. Die Bahn überwindet das Gefälle – in umgekehrter Richtung: die Steigung – mit Hilfe des Zahnrades in einer großen Kehre. Doch bevor wir von Fiesch aus beginnen, die Aletschregion zu erkunden, machen wir noch einen Abstecher auf das linke Rhone-Ufer, wo von der Höhe herab Ernen, das »schönste Dorf des Wallis«, mit seiner dominierenden Kirche grüßt.

Ernen liegt weit ab von der heutigen Durchfahrtsstraße. Der alte Saumweg zu Grimsel, Furka und Nufenen führte am linken Rhone-Ufer entlang, nicht zuletzt deshalb, weil in Ernen die früher wichtige Alpentraverse durch das Binntal und über den Albrunpass nach Domodossola abzweigte. Doch der Passverkehr ist längst eingestellt, Straße und Bahnlinie verlaufen auf dem rechten Flussufer, und Ernen,

Die neuen Panoramawagen des Glacier Express machen die Reise zu einem ganz besonderen Erlebnis

einst der Haupt- und Gerichtsort des Goms, ist ins Abseits geraten.

Was damals als schwerer Rückschlag empfunden worden war, hat sich längst als glückliche Entwicklung herausgestellt. In der Kirche können wir es lesen: »Am wirtschaftlichen Aufschwung Mitte vorigen Jahrhunderts nahm Ernen nicht teil. Dieser Tatsache verdankt es den Reichtum seiner Kunstschätze.« Zu ergänzen wäre: »... und die kaum beschädigte Schönheit seines Ortsbildes.« Der Denkmalschutz hat hier gründliche und vorbildliche Arbeit geleistet. Ohne ein Museum aus Ernen zu machen, hat er erreicht, dass der eigenartige Charakter eines herrschaftlichen, sozusagen patrizierhaften Bauerntums noch deutlich zu erkennen ist. Um das Zentrum des Dorfes, den »Großen Platz«, gruppieren sich die repräsentativsten Häuser: das respektable Rathaus (1770), das Haus Briw (1603), das Wirtshaus zum heiligen Georg (um 1560), das Haus am Hengart (1584) und das Tellenhaus (1578) mit seinem bemalten Fries, das Szenen aus der schweizerischen Tellensage zeigt. Dazu noch viele namenlose Bauernhäuser im dunklen Walliser Holz, im Sommer mit üppiger Blumenpracht geschmückt, urige Speicher und Stadel auf den typischen Granitsteintellern, die den Mäusen den Zugang zu den Vorräten verwehren sollten.

Auf einem Hügel vor dem Dorf hat die Kirche einen beherrschenden Platz gefunden. Auf romanischen Fundamenten ist Anfang des 16. Jahrhunderts ein Bau im spätgotischen Stil errichtet worden. Die Ausstattung ist reich und kostbar. Besonders hervorzuheben: die hochgotische Pieta (1350), das Chorgestühl (1666), der Taufstein (1679), der Rokoko-Hochaltar (1761) und die Heiligenfiguren der Seitenaltäre aus derselben Zeit.

Am Waldrand außerhalb des Dorfes stehen noch die drei Granitsäulen, auf denen einst der Galgen montiert war. Er war, von einem Scharfrichter ausdrücklich zu Protokoll gegeben, den Bürgern des Goms vorbehalten, während sich landfremdes Pack – »frömde Hudel« – mit 101 Jahren Landesverweisung begnügen musste!

Je tiefer es hinab in Richtung Brig geht, desto weiter und grüner wird das Rhonetal

Ernen ist der Heimatort zweier Männer, die das kleine, unbedeutende Wallis, wenn es nach ihrem Willen gegangen wäre, beinahe zu einem Faktor der europäischen Geschichte gemacht hätten: des Georg Supersaxo und des Matthäus Schiner. Dass der eine das Amt eines Bischofs bekleidete, der andere es gar bis zum Kardinal brachte, darf nicht zu der irrigen Ansicht verleiten, ihre Interessen seien nicht von dieser Welt gewesen. Mit ihren Machtkämpfen, ihren Intrigen und Kriegen fügten sie sich nahtlos in die Geschehnisse der Hochrenaissance nach 1500 ein, in der Kaiser, Könige, Päpste und Kardinäle agierten wie die Helden und Schurken in einem Shakespearischen Drama. Das Haus, in dem Matthäus Schiner anno 1456 geboren wurde, ist in dem zu Ernen gehörenden Weiler Mühlebach noch zu sehen.

Von Ernen führt ein Sträßchen ins Binntal hinauf, das einst den Zugang zum Albrunpass bildete. Heute geht nur noch ein Wanderweg ins Tessin hinüber. Das Binntal wird von Kennern

hoch geschätzt: einmal wegen seiner reichen und schönen Flora, zum anderen und vor allem als Fundort von interessanten Mineralien. Der Verkauf von Quarzkristallen ist früher ein beliebtes Zusatzgeschäft für die wenigen Bewohner des Binntales gewesen. Heute ist das Sammeln von Mineralien – mittlerweile ein verbreitetes Hobby – nur noch an bestimmten Plätzen erlaubt.

Unterhalb der Aletschregion: Von Fiesch nach Brig

Während ich Sie kreuz und quer durch das Goms geführt habe, ist mir selbstverständlich bewusst geblieben, dass Sie nach wie vor im Glacier-Express sitzen, der diese kraftvoll-ursprüngliche Landschaft leider viel zu schnell durcheilt; er ist nun mal ein Express. Ähnlich wird es im nächsten Abschnitt unserer gemeinsamen Reise sein, die in Fiesch beginnt, wo die Landschaft Goms endet. Die Fahrt durch das Rhonetal zwischen Fiesch und Brig ist schön. Doch das Schönste wird außerhalb Ihres Gesichtskreises bleiben. Ich kann nur versuchen, es recht anschaulich darzustellen, damit Sie wissen, was Sie erwartet, wenn Sie wiederkommen.

Fiesch ist immer nur ein Kuhdorf gewesen, als Ernen und Münster schon eine bedeutende Rolle im Oberwallis gespielt haben. Erst der neuen Poststraße zu Grimsel und Furka, die in den fünfziger Jahren des vorigen Jahrhunderts gebaut wurde, und der im Jahr 1916 fertiggestellten Furka-Bahnlinie verdankt es seinen Aufstieg zum Fremdenverkehrszentrum der Region Goms. Zum erstenmal seit Andermatt sehen wir wieder größere Hotels und andere Merkmale der touristischen Infrastruktur. Zu diesen gehört auch die Luftseilbahn, deren Großkabinen an dicken Drahtseilen steil in die Höhe entschweben. Ähnlich ist es in den Stationen Betten und Mörel, die wir bald darauf erreichen werden, nachdem der Glacier-Express – durch einen Schraubtunnel und über einen stolzen Viadukt – bei Grengiols eine weitere Steilstufe des Rhonetals hinter sich gebracht hat.

Fiesch, Betten und Mörel sind Talstationen einer »Mittelgebirgsstufe« von Hochalmen oder (wie man in der Schweiz sagt) »Alpen«, die sich zwischen die tiefe Furche des Rhonetales auf der einen und die Gipfel, Grate und Gletscher der Berner Alpen auf der anderen Seite geschoben hat. Wie riesige Sonnenterrassen dehnen sich oberhalb der steilen Waldflanken die saftigen, weichen Wiesenmatten: ein »gefundenes Fressen« für zahllose Generationen von Rindern, die seit den Zeiten der eingewanderten Alemannen während der Sommermonate ein so friedvolles und nahrhaftes Leben hier oben geführt haben, dass sie zum Herbst kraftstrotzend ins Tal zurückkehren konnten!

Warum sollte, was den Kühen gut bekam, nicht auch für die Menschen gut sein? Spät erst, doch dann um so zielstrebiger entwickelten sich

Kühboden (oberhalb Fiesch), Bettmeralp (oberhalb Betten) und Riederalp (oberhalb Mörel/Breiten) zu gern besuchten Erholungsgebieten, als Sommerfrischen zunächst, doch mehr und mehr auch als Wintersportgebiete. Die Wiesen erwiesen sich als ebenso wander- wie wedelfreundlich, und klugerweise hat man von Anfang an den Autoverkehr ferngehalten. Das »Alpen-Paradies« ist nur mit den Seilbahnen zugänglich. Mittlerweile verteilen sich Hotels und familienfreundliche Chalets in so großer Zahl über die einstigen Kuhweiden, dass die Landwirtschaft nur noch eine untergeordnete Rolle auf der weiten Terrasse spielt.

Ist der Blick von den »Alpen« nach Süden, wo die Walliser Viertausender thronen, schon prächtig, so steigert er sich ins Großartige, wenn man noch ein paar hundert Meter höher schwebt: Das Eggishorn (2926 m) oberhalb Fiesch/Kühboden ist eine Aussichtskanzel, die im gesamten Alpengebiet ihresgleichen sucht! Denn von ihm aus öffnet sich auch der Blick nach Norden, auf die Berner Bergriesen um Jungfrau, Mönch und Aletschhorn sowie auf die grandiose Szenerie der Gletscher vor allem den Aletschgletscher, den größten Eisstrom Europas.

Das Hochplateau mit seinen Almwiesen und bemerkenswert schönen subalpinen Wäldern ist ein ideales Revier für Spaziergänger und Wanderer, die auf kurzen Wegen zum Ziel kommen wollen. Rundwanderwege um Riederhorn und Eggishorn erschließen die außergewöhnliche Farbigkeit der Landschaft mit Grasmatten, Bergwäldern, Felsengipfeln und dem großen Gletscherstrom. Viele Touren führen auch mehr oder weniger tief in die Gletscherregion, beispielsweise zum geheimnisvollen Märjelensee (und weiter zur Konkordiahütte) oder über die Riederfurka und den unteren Aletschgletscher zur Belalp und Oberaletschhütte.

Über das Joch der Riederfurka muss auch, wer den berühmten, naturgeschützten Aletschwald erreichen will. Der Wald am oberen Rand des Gletscherstroms bietet ein Schauspiel, das

Stadt zwischen Lötschberg und Simplon: Brig

ebenso lehrreich wie faszinierend ist: Schritt-
weise lässt sich an ihm die Entwicklung einer
Waldgesellschaft von der ersten Pioniervegeta-
tion arktischer Gewächse, die sich in den vom
Eis freigegebenen Partien bilden, bis zu den ersten Lärchen- und Birkenbeständen nachvoll-
ziehen. Im »Schlusswald« aber bilden die herrlichen Arven, gewissermaßen als Krönung der
alpinen Vegetation, den größten Teil des Baum-
bestandes. Die »Villa Cassel« in der Riederfurka, die sich ein exzentrischer englischer Nabob
zu Anfang dieses Jahrhunderts hatte bauen lassen, dient heute der Forschung und Informati-
on über Gesteine, Pflanzen und Tiere der
Aletschregion. Dazu gehört auch eine instruk-
tive ständige Ausstellung über »Das Leben auf
dem Gletscher«.

Die letzten Kilometer bis Brig: Hinter Mörei
zwängt sich der Glacier-Express an steilen Felswänden entlang und an der Kapelle Hohflüh
vorbei. Rechts auf halber Höhe ist das Dorf
Bitsch zu sehen. Vor Naters befindet sich links
der Eingang zum zwanzig Kilometer langen
Simplon-Eisenbahntunnel, dessen Ausgang
auf der Südseite bereits italienisch ist. Die
wenig attraktiven Neubauten lassen vom Zug
aus nicht erkennen, dass Naters keineswegs
nur ein Industrievorort von Brig ist. Der schöne
alte Ortskern um den Kirchplatz sowie das
spätgotische Beinhaus wären durchaus einen
Besuch wert.
Von Naters führt eine Straße zum Feriendorf
Blatten hinauf. Dort geht es mit der Luftseilbahn weiter zur Belalp, die ihrer ganzen Anla-

Der Palast des Kaspar Jodok Stockalper in Brig

ge nach den Nachbarn Riederalp und Bettmeralp ähnlich, aber durch die Zunge des mächtigen Aletschgletschers von ihnen getrennt ist.

So wandlungsfähig ist der Glacier-Express, dass er die Einfahrt nach Brig im Stil einer Straßenbahn bewältigt, ohne an Würde zu verlieren! Der Schmalspur-Bahnhof, gegenüber dem Bahnhof der Schweizerischen Bundesbahn gelegen, ist die Nahtstelle zwischen den »Hoheitsgebieten« der Furka-Oberalp-Bahn und der Brig-Visp-Zermatt-Bahn, die für den letzten Streckenabschnitt die Regie übernimmt. Aber es muss nicht umgestiegen werden. Nur Lokomotive und Personal werden ausgewechselt.

Brig – die Stadt am Fuß des Simplon

Brig, mit 10 000 Einwohnern die kleine, aber unbestrittene Metropole des deutschsprachigen Wallis – die Sprachgrenze liegt etwa dreißig Kilometer rhoneabwärts vor Sierre/Siders – ist im 13. Jahrhundert als Handelsplatz gegründet worden. Ein wichtiges Verkehrszentrum ist es durch all die Jahrhunderte bis zum heutigen Tag geblieben. Hier treffen die Züge der großen Nord-Süd-Transversale Lötschberg-Simplon mit den aus der Westschweiz kommenden Zügen zusammen, hier

Gerade an warmen Sommerabenden gewinnt die Stadt südländisches Flair

ist der große Autoverlad, hier der Übergang von den Schmalspurlinien zum Netz der SBB. Und hier beginnt auch die Autostraße über den Simplonpass, die demnächst die Stadt in einem großen Bogen umfahren wird.

Zweifellos ist der Simplonpass Geburtshelfer des Platzes Brig gewesen. Auch Pässe haben ja, bedingt durch politische und wirtschaftliche Entwicklungen, ihre Konjunkturzeiten. Im 13. Jahrhundert scheint der Simplon erstmals »in Mode« gekommen zu sein, was unter anderem dadurch dokumentiert wird, dass anno 1275 ein Papst ihm sein Vertrauen schenkte. Doch dann folgten unruhige Zeiten für das Wallis, Handel und Wandel lagen danieder – bis im 17. Jahrhundert eine neue Blütezeit kam. Sie war einem einzigen Mann zu verdanken: Kaspar Jodok Stockalper.

Stockalper (1609-1691), in Mailand geboren, im Wallis aufgewachsen, in französischen Diensten ausgezeichnet, war ein genialer Geschäftsmann, der es verstanden hatte, in ganz Europa einträgliche Beziehungen zu knüpfen. Er baute den Saumpfad über den Simplon zur Passstraße aus, brachte die lukrativsten Handelsmonopole von Frankreich und Italien an sich, beutete Gold- und andere Bergbauminen aus. Seinen Gewinn legte er in Grund und Boden an. »Nil solidum nisi solum« – Nur der Grundbesitz ist sicherer Besitz – steht am Eingang seines Palastes in Brig.

Dieser Palast war zwischen 1658 und 1678 entstanden und eine Sensation für seine Zeit. Er diente der Selbstdarstellung eines steinreichen und mächtigen Mannes, der aber auch Feste zu feiern verstand, fünf Sprachen beherrschte und im Lauf seines so taten- wie ereignisreichen Lebens eine wertvolle Bibliothek zusammengetragen hat. Der prächtige Arkadenhof im Stil der italienischen Renaissance lässt neben den repräsentativen die ökonomischen Funktionen erkennen: Hier wurden Waren gestapelt und umgeschlagen, die Maultierkolonnen für den Weg über den Pass ausgerüstet, wurde gehandelt und gerechnet.

Und doch verging der ganze Glanz wie ein Hauch im Wind. Stockalper, der »Fugger der Alpen«, der seine Stadt so wohlhabend gemacht hatte, dass sie sich den stolzen Titel »Briga dives« (die Reiche) zulegen konnte, geriet in politische Konflikte, wurde des Verrats angeklagt, zu ungeheuren Bußgeldern verurteilt und musste sich schließlich über »seinen« Simplon nach Domodossola retten. Er starb ohne legitimen Erben. Nur noch das alte Hospiz auf dem Pass und der nach ihm benannte Palast erinnern an seinen Ruhm, seine Leistung. Dieses Bauwerk gilt als der schönste Barockpalast der Schweiz, ja im gesamten Alpenraum. Heute amtiert der Gemeindepräsident von Brig in ihm, und auch das Grundbuch der kleinen Stadt wird hier geführt. Nil solidum nisi solum!

Zur Passstraße über den Simplon bleibt noch nachzutragen: Der nächste Straßenbaumeister ist Napoleon Bonaparte gewesen, der 1797 Anweisung gab, eine so breite Straße anzulegen, dass auch Kanonen über den Pass transportiert werden konnten. Diese erste moderne Kunststraße, anno 1805 vollendet, hatte bis Domodossola eine Länge von 63 Kilometer und übertraf von Anfang an den weitaus älteren Großen Sankt Bernhard an Verkehrsfrequenz und Bedeutung. Nur: Napoleon und den Franzosen sollte sie nicht mehr viel nützen. Alle weiteren Kriege in Europa fanden fortan unter Umgehung der Schweiz statt!

Der Stockalperpalast mit seinen drei Türmen ist das dominierende Bauwerk in der historischen Altstadt von Brig, die schmale Gasse an seiner Ostseite der Beginn des alten Saumpfades über den Simplon. Hier stehen noch andere Patrizierhäuser aus der Blütezeit der Stadt im 17. Jahrhundert, an denen insbesondere die charakteristischen Treppentürmchen ins Auge fallen. Sie schützten die Treppenhäuser vor Kälte und Nässe, und um sie noch zusätzlich zu nutzen, hängte man in ihnen das Fleisch zum Trocknen auf. Aus der gleichen Zeit wie der Palast stammt die Kollegiumskirche Spiritus Sanctus der Jesuiten, ein Bau im römischen Barock, der nach einem Brand im Jahr 1778 allerdings klassizistisch renoviert worden ist.

Bindeglied zwischen dem kleinen, eher herb als lieblich wirkenden Altstadtquartier und dem neueren Brig ist der Sebastiansplatz. Von hier führt die Bahnhofstraße in entgegengesetzter Richtung zu den beiden Bahnhöfen, eine recht attraktive »Einkaufsmeile« und das urbane Zentrum der vorwiegend ländlichen Oberwalliser Welt.

Im westlichen Vorort Glis steht die Kirche Mariä Himmelfahrt, einst der größte Wallfahrtsort und ein geistlicher Sammelpunkt der Region. Sie geht auf eine Stiftung des burgundischen Bischofs von Sitten aus dem Jahr 615 zurück, die heute sichtbare Architektur des Bauwerks stammt aber im wesentlichen aus der Zeit um 1650. Spätgotisch sind der Chor von 1539 mit massiven Strebepfeilern und Flamboyantmotiven an den Fenstern sowie die beiden Seitenkapellen und das turmartige Sakramentshäuschen von Ulrich Ruffiner. Der ursprünglich romanische Turm, während der Barockzeit verändert, ist im Jahre 1968, leider nicht sehr glücklich, wieder »re-romanisiert« worden.

Essen und Trinken im Wallis

Raclette und Fondue bekommt man fast überall in der Schweiz. Doch zumindest das Raclette dürfte im Wallis, wahrscheinlich sogar im Goms »erfunden« worden sein. Raclette wird aus erstklassigem, ausgereiftem Gommer Käse zubereitet, den man mit der Schnittfläche so lange gegen ein offenes Holzfeuer (heute meistens ein Elektrogerät) hält, bis die Oberfläche zu schmelzen beginnt. Dann wird der zähflüssige Käse mit einem Schaber schwungvoll auf den heißen Teller gestreift und, zusammen mit kleinen Pellkartoffeln, Perlzwiebeln und Gewürzgürkchen, sofort gegessen. Ein Raclette-Essen ist eine ausgesprochen gesellige Angelegenheit, weil man Zeit hat, sich zu unterhalten, während man auf die nächste Portion wartet. Dazu trinkt man meistens den landeseigenen Wein, den weißen, frischen Fendant, und zwischendurch vielleicht auch einmal einen »Träsch«, den Walliser Obstschnaps, der gut für die Verdauung ist.

Eine fast ebenso beliebte Walliser Spezialität ist das luftgetrocknete Rindfleisch, das hauchdünn geschnittene Walliser Trockenfleisch. Die Methoden, nach denen es zubereitet wird, gehören zu den streng gehüteten Geheimnissen, die von Generation zu Generation weitergegeben werden. Man kann das Trockenfleisch »pur«, aber auch zu kleinen Stückchen mit Butter bestrichenen Roggenbrotes essen. Auf alle Fälle gehört Rotwein aus dem Wallis dazu, entweder der kraftvolle Dôle oder der leichtere Goron. Die Walser haben ihr Rezept mitgenommen, als sie nach Graubünden auswanderten – erst von dort aus ist es später als Bündner Fleisch berühmt geworden.

Eine andere Weinspezialität aus dem Wallis ist so selten, dass Sie schon eine gute Portion Glück und Findigkeit mitbringen müssen, um ihrer teilhaftig zu werden. Es ist der »Heidenwein«, dessen Trauben in den höchstgelegenen Weinbergen Europas reifen. Diese gehören zum Dorf Visperterminen oberhalb von Visp und reichen bis in 1200 Meter Höhe.

Die Walliser Küche bietet, wie die in Bünden, eine bäuerliche, deftige Kost. In den Gasthäusern und Restaurants, die vorwiegend vom Tourismus leben, wird sie – von den immer wieder verlangten »Dauerbrennern« Raclette und Trockenfleisch abgesehen – kaum mehr angeboten.

Letzte Etappe: Das Vispertal

Der kleine Schmalspurbahnhof von Brig ist ein Kopfbahnhof. Wir sitzen jetzt also umgekehrt zur bisherigen Fahrtrichtung auf den Plätzen. Doch der Glacier-Express fährt weiter westwärts, rhoneabwärts. Rechts begleiten uns die Gleise der Simplonlinie Paris—Lausanne—Mailand. Dahinter können wir die Trasse der Lötschbergbahn nach Bern den Nordhang des Rhonetals hinaufziehen sehen. Sie wird sich bald nach Norden wenden und bei Goppenstein in einem Tunnel verschwinden, der den Hauptkamm der Berner Alpen unterfährt und bei Kandersteg im Berner Oberland wieder ans Tageslicht kommt.

Visp ist einer der wichtigsten Industriestandorte im Rhonetal – und so zeigt es sich uns auch vom Zug aus. Kaum mag man glauben, dass es eine bezaubernde kleine Altstadt besitzt, in der man die Vergangenheit mit den Händen greifen zu können meint. Entstanden ist Visp als Marktort und Umschlagplatz für den Handel über den Monte-Moro- und den Antronapass. Doch nichts gegen die Industrie im Rhonetal! Sie bietet den Bewohnern der Bergdörfer in der Umgebung attraktive Arbeitsplätze und leistet damit einen wichtigen Beitrag gegen die Abwanderung aus den Tälern, die der Tourismus noch nicht erreicht hat oder auch nie erreichen wird.

Wir verlassen das Rhonetal und biegen hinter Visp in die schmale Talfurche der Visper ein. Links sehen wir Weinstöcke, für uns die ersten und letzten im Wallis. Stufe um Stufe klettern sie die steilen Hänge hinan, bis sie unseren Blicken entschwinden. Doch es geht noch weiter: Ganz oben, zwischen tausend und zwölfhundert Meter, breitet sich auf einer sonnigen Naturterrasse das Dorf Visperterminen aus, zu dem die höchsten Weinlagen Europas gehören Wir aber bleiben brav im Tal, passieren bei Ackersand eine große Kraftwerkszentrale, hören das Zahnrad einrasten und gewinnen mit dem Glacier-Express die Höhe von **Stalden**. Unter uns vereinigen sich hier die Wasser der Matter und der Saaser Vispa.

Sommer- und Wintereindrücke in und um Saas-Fee

Kunstausstellung im Eispavillon in 3500 Metern Höhe

Kleine Exkursion nach Saas-Fee

Der Name »Saaser Vispa« weist auf die Herkunft hin: Eine in den vergangenen Jahren ständig verbesserte Autostraße führt ins Saaser Tal hinein, passiert die Siedlungen Saas-Balen (mit einer eigenwilligen, fast byzantinisch wirkenden Barockkirche) und Saas-Grund und gewinnt schließlich mit einigen entschlossenen Serpentinen das Hochplateau von Saas-Fee.

Wer hier unvorbereitet ankommt, wird nachempfinden können, was der Dichter Carl Zuckmayer nach seinem ersten Besuch in dem Dorf aufgeschrieben hat:

»... am Ende der Welt und zugleich an ihrem Ursprung, an ihrem Anbeginn und in ihrer Mitte. Gewaltiger silberner Rahmen, im Halbrund geschlossen, nach Süden von Schneegipfeln in einer Anordnung von unerklärlicher Harmonie, nach Westen von einer Kette gotischer Kathedraltürme. Zuerst kann man da nur hinaufschauen, es verschlägt einem den Atem. Dann sieht man vor sich den Ort Saas-Fee ...«

Saas-Fee (1800 m) hat immer hinter Zermatt zurückstehen müssen: Nicht so alt (als Fremdenverkehrsort), nicht so groß, nicht so prominent – und auch kein Matterhorn; einen Berg von vergleichbarer Attraktivität gibt es in den Alpen eben nicht! Eines aber hat Saas-Fee, was ihm weder Zermatt noch sonst irgendein Konkurrent streitig machen kann: Seine einzigartige Gletscher-Arena! Das wird jeder bestätigen, der auch nur einmal in seinem Hotelbett aufgewacht ist und die Eisströme, von der Morgensonne rosenfarbig übergossen, fast ins Dorf hinein hat stürzen sehen.

Ins Dorf? Das ist Saas-Fee natürlich nicht mehr, obgleich es gern als »Gletscherdorf« kokettiert. Eine so grandiose alpine Szenerie, zu der allein vierzehn Viertausender ihren imposanten Beitrag leisten, kann kein touristischer Geheimtipp bleiben. So bietet Saas-Fee heute als Sommerkurort und Wintersportplatz eine hochent-

Der Glacier Express schlängelt sich mit seinen Panoramawagen durch das wildromantische Mattertal

wickelte Infrastruktur: Sportanlagen, Wanderwege, Unterhaltungsstätten, Hotels aller Kategorien und vielerlei Restaurants.

Den Löwenanteil am Erfolg von Saas-Fee stellt aber die Natur: ein kaum auszuschöpfendes Revier für Bergwanderer, für Fels- und Eiskletterer im Sommer und Herbst, ein hinreißendes Skigebiet im Winter und Frühjahr, das durch den Bau der Tunnelbahn »Metro Alpin« bis auf 3500 Meter Höhe ausgedehnt und damit auch als Sommerskigebiet interessant geworden ist. Trotzdem halten die Einheimischen am Überlieferten fest, soweit sich das mit ihrem normalen Erwerbssinn vereinbaren lässt. Die Atmosphäre im Ort ist noch nicht sterilisiert, sondern ganz speziell für diesen so lange Zeit abgeschiedenen Winkel im hintersten Wallis.

Dazu passt recht gut, dass man hier die Phase des Tourismus kühn übersprungen hat, in der man dem Moloch des motorisierten Verkehrs alles opfern zu müssen meinte. Mancher idyllische Winkel, mancher uraltehrwürdige Stadel auf seinen charakteristischen Granitplatten-

pfosten verdankt sein Noch-Dasein allein dem Umstand, dass alle Autos vor dem Ort bleiben müssen.

Zurück nach Stalden. Die kleine Luftseilbahn neben der Station führt nach Staldenried und Gspon, an deren Sonnenhängen auch noch ein paar Rebstöcke wachsen. Das Tal wird nun wieder ganz eng und schaurigtief. Man versteht, dass Zermatt über viele Jahrhunderte hinweg vom Rhonetal aus nicht zugänglich schien, weshalb die ersten »Fremden« ja auch über den Theodulpass gekommen sind. Der Glacier-Express rattert über den 43 Meter hohen Mühlebachviadukt, durchfährt sechs Tunnels und passiert die winzige Station Kalpetran. Der nächste Ort heißt **Sankt Niklaus** und signalisiert uns, dass Zermatt nicht mehr weit sein kann: Hotels, Appartmentblocks und Busparkplätze beginnen sich breitzumachen. Von hier aus führt eine Straße zum hoch über dem Tal gelegenen Ferienort Grächen. Sankt Niklaus und sein Nachbardorf Randa sind unzählige Male in ihrer Geschichte von Lawinen oder

Der „Alpine Classic Pullman Express" auf dem letzten Streckenabschnitt von Brig nach Zermatt

auch Eisstürzen, teilweise oder ganz, zerstört worden. Es ist bewundernswert, dass die Bewohner dieser Dörfer im Kampf gegen die unbezwingbaren Naturgewalten nicht resigniert, sondern sich immer wieder aufs Neue in ihrer exponierten Situation eingerichtet haben. Doch was hätten sie anderes tun sollen? Sie waren zum Ausharren verurteilt!

Randa ist Talort für eine Reihe von großen und schwierigen Bergfahrten. Von hier aus steigt man auf zu den Gipfeln der Mischabelgruppe im Osten (Dom, 4545 m) wie zum Weisshorn (4505 m) im Westen, das viele Alpinisten für den schönsten und interessantesten Berg des Wallis halten. Wenn Sie rechts hinausschauen, können Sie die Eismassen des Bisgletschers sehen, die Randa im Jahr 1819 schon einmal fast völlig zerstört haben.

Täsch ist Endstation für alle Autofahrer – die Parkplätze sind nicht zu übersehen —, die hier in die Pendelzüge nach Zermatt umsteigen müssen. Das jetzige Dorf ist vermutlich die

dritte Ansiedlung. Zwei ältere Dörfer an anderer Stelle sollen verschüttet worden sein.

Nun ist es gleich so weit. Sie merken es schon: Eine ansteckende Aufbruchstimmung greift im Zug um sich! In wenigen Minuten fährt der Glacier-Express in den Bahnhof Zermatt ein ...

Zermatt
und der Berg der Berge

Nach der Fahrt durch das lange und enge Vispertal werden Sie sich nicht wundern zu erfahren, dass die Walliser Alpen rund um das Matterhorn verhältnismäßig spät »entdeckt« worden sind. Der Montblanc war längst erstiegen, der Besuch der Gletscherwelt von Grindelwald gehörte zumindest bei den Briten zum Muss einer Schweizer Reise, als von Zermatt noch lange nicht die Rede war. Aber Chamonix wie Interlaken/Grindelwald lagen auch offener da. Wer dagegen durch das Rhonetal reiste, der

…und über allem thront das Matterhorn: Biken und Baden auf den Höhen rund um Zermatt

konnte kaum ahnen, dass die unzugänglichen Schluchten der Seitentäler ein grandioses Geheimnis bargen.

Die ersten Reisenden, die bis nach Zermatt vordrangen, kamen auf miserablen Saumpfaden und zu Fuß, zum Teil sogar über den 3317 Meter hohen Theodulpass, aus dem Aostatal also. Der Passübergang dürfte immer noch weniger beschwerlich gewesen sein als der Zugang aus dem Wallis. Von den Bewohnern wurden diese frühen Touristen gar nicht freundlich empfangen. Man hielt sie für Räuber und Schafdiebe. Der Genfer Gelehrte Horace-Bénédict de Saussure notierte gegen Ende des 18.Jahrhunderts über die Einheimischen:

»Ihr größter Fehler ist das Fehlen jeder Gastfreundschaft. Es liegt ihnen nicht nur nichts daran, die Fremden zu beherbergen, sie gehen ihnen auch überall, wo sie können, aus dem Weg, und wenn sie ihnen doch begegnen, so geschieht es mit einem Ausdruck von Furcht und Abneigung.«

Wie die Zeiten sich geändert haben!

Die ersten Engländer – auch hier also die ersten! – waren im Jahr 1800 nach Zermatt gekommen. Aber erst 1839 gab es ein Gasthaus im Ort; bis dahin hatten die Touristen beim Pfarrer unterschlüpfen müssen. Zermatts goldenes Zeitalter begann, als es anno 1855 zum Gründungsort des britischen »Alpine Club« wurde. Ab 1860 spitzte sich der vielfach beschriebene, mehrfach verfilmte »Kampf ums Matterhorn« zu. Die einzigartige Dramatik dieses Kampfes, die uns noch heute nicht unberührt lässt, sollte sich aus der Rivalität zweier ehrgeiziger Männer entwickeln und ihre Steigerung durch eine abschließende Katastrophe erfahren.

Konkurrenten am Berg waren der Engländer Edward Whymper und der Italiener Jean-Antoine Carrel aus Breuil-Cervinla jenseits der Grenze. Es kam zu einem atemberaubenden Wettlauf, der übrigens von niemandem besser beschrieben worden ist als von Whymper selbst, und zum Erfolg des Engländers, der am 14.Juli 1865 mit sechs Gefährten als erster auf dem Gipfel des umkämpften Berges stand. Carrel, der von der italienischen Seite her aufstieg, musste den Jubel der Sieger vom Gipfel herab hören und kehrte, seelisch völlig vernichtet, um. Er blieb für den Rest seines Lebens ein Geschlagener. Doch auch den »Siegern« forderte das bezwungene Matterhorn noch schwere Opfer ab: Wenige Stunden nach dem Triumph stürzten beim Abstieg der bekannte Bergführer Michel Croz und die drei englischen Gefährten von Whymper zu Tode!

Seither weiß die Welt, dass es ein Matterhorn gibt und was für ein gewaltiger, furchterregender Berg das ist. Seither haben Phantasie, Abenteuerdrang und Sensationsgier den Berg nicht mehr zur Ruhe kommen lassen. Nach der Überwindung des Schocks, den die Whymper-Katastrophe ausgelöst hatte, begann seine Anziehungskraft nur um so stärker zu wirken. Die ersten Hochtouristen wiederholten die Besteigung mit Führern aus Zermatt, und bald schon hatte der Berg seinen festen Tarif. Später Geborene mussten sich neue und immer ausgefallenere Routen einfallen lassen, um noch alpinen Ruhm ernten zu können. Insgesamt 35 verschiedene Anstiegsrouten sind mittlerweile bekannt. Es kam zu den ersten Alleinbegehungen, Winterbegehungen, Damenbegehungen, Winteralleinbegehungen und so weiter. Längst ist das Matterhorn auch zum Opfer ganz banaler Rekordsucht geworden: In dreieinviertel Stunden ist ein Amerikaner nach intensiven Trainingsvorbereitungen die Strecke von der Hörnlihütte zum Gipfel und zurück gerannt!

Kein Zweifel: Lange Zeit lebte Zermatt vom Matterhorn! Etwa dreieinhalbtausend Personen im Jahr versuchen sich am Berg der Berge. Aber kaum die Hälfte erreicht den Gipfel. Sie scheitern nicht an technischen Schwierigkeiten, die nach heutigen Maßstäben auf der Normalroute als mäßig eingestuft werden, sondern am Wetter, das hier immer mitspielt. Vierhundert Menschenleben hat das Matterhorn schon gefordert. Aber bei den meisten war Leichtsinn die Todesursache. Und natürlich lässt sich niemand von dieser Zahl abschrecken. Eher vielleicht von dem Andrang, mit dem man in bestimmten Schönwetterperioden rechnen muss.

Dann heißt es an den Schlüsselstellen des Hörnligrates anstehen, bis die vorhergehenden Seilschaften durch sind. Gelegentlich dringen auch schon Klagen über Umweltverschmutzung und Abfallprobleme an die Außenwelt.

Das Schlimmste aber ist dem Matterhorn bisher erspart geblieben: Weder das erste Bergbahnprojekt, das Schweizer Ingenieure bereits in den neunziger Jahren des 19. Jahrhunderts zu Papier gebracht hatten, konnte und durfte verwirklicht werden, noch der italienische Plan der fünfziger Jahre, von Süden her eine Seilbahn auf den Gipfel zu ziehen. Als Ersatzlösung haben die Zermatter sich mit einer Seilbahn auf das Kleine Matterhorn (3884 m) am Breithornplateau zufriedengegeben – eine technisch imponierende Leistung und immerhin die »höchste Seilbahn der Welt«.

An Auftrieb und Aktivität fehlt es ihnen also nicht. Nachdem sie ihre anfänglichen, bereits geschilderten Probleme mit den »Fremden« überwunden hatten, begannen sie schnell umzulernen. Die ersten Lektionen über den Fremdenverkehr hat ihnen allerdings ein Auswärtiger beigebracht: Alexander Seiler aus Blitzingen im Goms. Viele Jahrzehnte lang ist die Seiler-Dynastie Motor der touristischen Entwicklung im Ort gewesen, und zum Teil ist sie es heute noch. Obgleich von den alteingesessenen »Burgern« der Gemeinde nur widerstrebend anerkannt, sind sie es gewesen, die den ersten Höhenstützpunkt – Hotel Riffelalp (1884 m) – errichtet, den Bau der Visp-Zermatt-Bahn (1891 eröffnet) gefördert und deren Verlängerung als Zahnradbahn zum Gornergrat (1898) durchgesetzt haben. Damit hatte sich Zermatt vom Monopol des Matterhorns befreit. Diejenigen, die nur kommen, um den »Berg der Berge« zu bezwingen, sind schon lange in der Minderheit. Die meisten erfreuen sich an der eindrucksvollen Kulisse, die er ihnen bietet, im Sommer wie im Winter. Die Ausblicke von den Bergstationen Gornergrat, Stockhorn, Klein-Matterhorn und Schwarzsee sind mit Recht weltberühmt. Denn da ist ja auch das gewaltige Monte-Rosa-Massiv mit der Dufourspitze

(4634 m), dem höchsten Punkt der Schweiz, und fünf anderen Gipfeln. Da ist das Breithorn, der wohl am leichtesten zugängliche Viertausender in den Alpen, da sind die allesamt interessant geformten Spitzen auf der Westseite: der Dent d'Hérens, der Dent Blanche, das Zinalrothorn und insbesondere das stolze Weisshorn (4505 m), eine wahre Herausforderung für jeden anspruchsvollen Westalpengeher.

Und die Gletscher natürlich – wie könnten wir, die wir mit dem Glacier-Express gekommen sind, sie vergessen? Der Zermatter Talkessel ist maßgeblich von ihnen geprägt und geformt worden. Der Gornergletscher im Bereich des Monte Rosa ist im Grunde nur ein Name. Tatsächlich fließen hier zwölf verschiedene Eisströme zusammen und trennen sich wieder, ein Bild, das anzuschauen man nicht müde wird. Mit insgesamt etwa siebzig Quadratkilometer ist er, nach dem Aletschgletscher, der zweitgrößte Gletscher der Alpen. Der Findelngletscher lässt sich am besten vom Stockhorn aus betrachten. Seine immer noch extrem lange Zunge reichte im vorigen Jahrhundert bis nach Findeln herunter. Schließlich der Zmuttgletscher vor dem Matterhorn, der sich allerdings nur dem ganz offenbart, der sich zu Fuß auf die Schönbielhütte bemüht.

Damit sind wir bei einem Thema, das mir am Herzen liegt und das ich auch Ihnen ans Herz legen möchte: Das Netz der Bergbahnen, die den Kessel von Zermatt erschließen, ist perfekt. Bequemer kann einem der Eintritt in die phantastische hochalpine Szenerie nicht gemacht werden. Nutzen Sie es – aber vergessen Sie nicht, dass Sie auch Füße zum Laufen haben! Die Umgebung bietet Bergwanderern, geübten wie ungeübten, und gemütlichen Spaziergängern eine Fülle von Möglichkeiten, sich in der Bergwelt zu bewegen und das zu genießen, was man nur auf Schusters Rappen erleben kann. Die Wege vom Schwarzsee zum Hörnli und abwärts über die Staffelalp, vom Schwarzsee zum Furgtal und weiter zum Trockenen Steg, vom Rotenboden über den Gornergletscher zur Monte-Rosa-Hütte sind nur einige

Das winterliche Zermatt

unter den vielen, durch Aufstiegshilfen erleichterten oder verkürzten Tagestouren.

Wer noch weniger hoch hinaus will, dem empfehle ich die gemütliche Wanderung zur Findelnalp. Aus dem engen Talkessel heraus erreicht man in etwa 2150 Meter Höhe ein vom Findelngletscher ausgehobeltes Seitental, von dem aus sich ein wunderbarer Rundblick bietet. Neben der stark zurückgegangenen, zerspaltenen Zunge des Findelngletschers, zwischen Felswänden und malerischen Seen sieht man Lärchen und Arven wachsen. Dank dem milden Höhenklima gedeiht im oberen Mattertal noch eine relativ üppige Vegetation; die obere Waldgrenze steigt sogar auf 2100, äußerstenfalls bis auf 2300 Meter an. Auch die weiteren Vegetationszonen sind nach oben verschoben.

Aber im Winter ist wieder alles ganz anders. Da erweitern und verdichten leistungsstarke Lifte das Netz der Bergbahnen und erschließen den Skifahrern Pisten in unvergleichlicher Vielfalt. Zum eigentlichen Zermatter Skigebiet kommt dann noch das von Breuil-Cervinla auf der italienischen Seite, das man über das Plateau Rosa erreicht. Vielen Skifahrern gilt Zermatt nach wie vor als das Nonplusultra aller alpinen Skizentren. Lange Zeit hatte es den Ruf, nur den Könnern vorbehalten zu sein. Inzwischen sind zahlreiche Abfahrten für Anfänger erschlossen und planiert worden. Auch das Ganzjahresskigelände am Plateau Rosa ist einfach zu fahren. Doch immer noch wird Zermatt gerade im Winter von einem sportlich anspruchsvollen Publikum bevorzugt. Hochalpiner Charakter, große Höhenunterschiede und Schwierigkeiten auf einigen Abfahrten faszinieren die Leistungsbewussten unter den Skifahrern.

Die Zermatter hören es gern, wenn man von ihrem »Bergdorf« spricht. Aber ein Dorf, mit Verlaub, ist Zermatt schon seit den Zeiten nicht mehr, als die Seilers ihre großen Hotels in den Ort gestellt haben. Das wäre auch zuviel verlangt von einem touristischen Zentrum mit Magnetwirkung und 14 000 Gästebetten für Sommer- und Winterbetrieb. Die hochentwickelte Infrastruktur, die Zermatt seinen Besuchern bietet, kann nicht hinter nostalgischen Fassaden von Walliser Bergbauernhöfen versteckt werden. So muss man eben hinnehmen, dass zum Beispiel die Bahnhofstraße an ein großstädtisches Einkaufszentrum erinnert, auch wenn gelegentlich einmal eine dekorative Ziegenherde an Juwelieren und Fotogeschäften vorbei durch die Straße getrieben wird.

Um so erfreulicher, dass dennoch einiges aus der Vergangenheit erhalten geblieben ist, sogar noch ein paar bäuerliche Betriebe überlebt haben. Mittlerweile hat die Gemeinde ein strenges Baureglement erlassen, das die Relikte bäuerlichen Lebens retten soll, wie etwa die schlichten Walliser Stadel auf ihren Pfählen. Gegenwärtiger aber bleibt die jüngere Vergangenheit des Ortes, die von der heroischen Frühzeit des Alpinismus geprägt worden ist. Wer Näheres über diese Epoche erfahren will, darf weder den Besuch im Alpinen Museum noch den auf dem Friedhof versäumen, auf dem die Opfer der Berge begraben liegen. Pickel und Seil schmücken die Gräber, und einfache Inschriften erzählen die sich von Mal zu Mal wiederholende Geschichte von gescheiterten Träumen:

»To the memory of an unknown climber found on the Matterhorn, July 17th 1948 ...«

(Zum Gedenken an eine unbekannten Bergsteiger, der am 17. Juli 1948 am Matterhorn geborgen wurde ...)

Rechts: Das Matterhorn –
für die Schweizer der »Berg der Berge«.

Register

Ackersand 85
Airolo 46 (Karte), 67
Albrunpass 77, 79
Albula-Linie 26 ff.
Albulapass 18, 24 (Karte),
  29, 34
Aletschgletscher 80, 91
Aletschhorn 80
Aletschwald 80
Alp Languard 16, 21
Altes Gebäu (Chur) 41, 43
Antronapass 85
Alvaneu-Bad 34
Andermatt 8 (Karte), 62 ff.,
  75, 80
Aostatal 72, 89

Bad Scuol 26
Bad Vals 46, 48
Barbarossa, Kaiser Friedrich
  54
Baselgia 17
Belalp 80 f.
Bellwald 73
Bergell 16, 23
Bergün 29 ff.
Bergünerstein (Igl Crap) 29, 31
Bernina 14, 18, 20 ff.
Berninapass 20, 22, 26
Betten 80
Bettmeralp 80
Bever 26
Bevertal 26
Binntal 77, 79
Bitsch 81
Bivio 24, 34
Blatten 81
Blitzingen 72, 77, 90
Bonaduz 40
Brail 16
Breithorn 91
Brig 8 (Karte), 72, 79 ff.,
  82 ff.
Brigels 49
Brunnen 64
Burg Ehrenfels 38
Burg Greifenstein 33
Burg Hochrätien 38

Campi 38
Carrel, Jean-Antoine 89
Celerina 20

Chamonix 88
Charnadüra 24
Chamanna Segantini 15
Chrüzlistock 57
Chur 8 (Karte), 22, 26, 33 ff.,
  40 ff.
Corviglia 12, 22, 25
Cresta 10 f., 18
Croz, Michel 90

Darlux 31
Davos 31
Dent Blanche 91
Diavolezza 12
Disentis 8 (Karte), 49, 51 ff.
Dom 88
Domleschg 39, 44
Dommuseum (Chur) 41, 44
Domodossola 77, 84
Dofourspitze 90

Eggishorn 80
Ernen 76 ff.

Fextal 18
Fiesch 77, 79 f.
Filisur 30 f.
Findelnalp 91
Findelngletscher 91
Fläsch 45
Flims 40, 48
Flimserstein 47
Fornotal 16
Fuorcla Surlej 19
Furcellas 12
Furkapass 8 (Karte), 49, 62,
  68 f., 75

Gemsstock 67
Giacometti, Augusto 41, 44
Gletsch 75
Glis 84
Gluringen 72
Goms 72 ff., 75 ff., 84, 90
Goppenstein 85
Gornergletscher 91
Gornergrat 90
Göschenen 65, 67
Grächen 87
Grengiols 80
Grevasalvas 17
Grimselpass 72, 75

Grindelwald 88
Gspon 87

Hospental 63, 68

Ilanz 48, 51 ff.
Isola 17

Jenatsch, Jürg 42
Jenins 45
Julierpass 18, 26, 34
Jungfrau 80

Kandersteg 85
Kaufmann, Angelika 44
Keller, Jörg 76
Kirchner, Ernst Ludwig 44
Klosters 33
Kühboden 80
Kunsthaus (Chur) 44

Laax 40, 48
Lagalb 12
Landquart 33
Landwassertal 33
Landwasserviadukt 24, 33
Lai da Tuma 61
Lax 72
Lenzerheide 31, 38
Lorenzkirche (Sils Baselgia) 17
Lukmanierpass 46 (Karte), 51,
  54

Märjelensee 80
Maienfeld 45
Malans 45
Maloja 16 f.
Malojapass 16 f., 22
Marguns 12, 25
Maria 17
Mariä Himmelfahrt (Kirche in
  Brig) 84
Martinskirche (Chur) 41, 42, 43
Matter 85
Matterhorn 26, 86 ff.
Mischabelgruppe 88
Misox 49
Mistail 34
Mönch 80
Montblanc 88
Monte rosa 91
Mossburger, Kaspar 56

Mörei 81
Morteratschgletscher 21
Mühlebach 79
Mühlebachviadukt 87
Münster 72, 76 f.
Muottas Muragl 14 ff., 21

Naters 71, 81
Neues Gebäu (Chur) 41, 43
Nietzsche, Friedrich 17
Nufenenpass 76

Oberaletschhütte 80
Oberalppass 8 (Karte), 46,
 57 f.
Oberalpsee 62
Oberalpstock 57
Obersaxen 49
Obergesteln 76
Oberwald 8 (Karte), 70, 75 f.
Otto I., Kaiser 54

Palpuognasee 30 f.
Paracelsus 19
Pontresina 12, 14, 19, 20 ff.
Poschiavo (Puschlav) 22
Piz Ault 56/57
Piz Bernina 14, 21
Piz Corvatsch 12, 19
Piz Ela 31
Piz Grisch 47
Piz Kesch 31
Piz Julier 14
Piz Lunghin 23, 25
Piz Medel 57
Piz Nair 12
Piz Palü 21
Piz Roseg 21
Piz Sogn Mitgel 34
Piz Uertsch 31
Piz Vial 50
Piz Vorab 48
Pizzo Rotondo 64
Planta-Salis 24
Preda 26 (Karte), 29, 31
Punta Ota 16

Randa 87 f.
Rhätisches Museum (Chur) 41
 (Karte)
Realp 8 (Karte), 46, 68, 70
Reckingen 72, 76
Reichenau-Tamins 40, 46
Reuß 65
Rhäzüns 24 (Kasten), 39
Rheinschlucht 46

Rheinwald 49
Ried 80, 82
Riederalp 80, 82
Riederfurka 80 f.
Riederhorn 80
Ritz, Cäsar 77
Ritzingen 72
Rofflaschlucht 39
Rosegggletscher 19
Rosegtal 19

Saas-Fee 86 f.
Saas-Grund 86
Samedan (Samaden) 14, 22, 24
 (Karte), 25

San Gian 25
Sankt Gallen 31
Sankt-Georgs-Kirche (Rhäzüns)
 39
Sankt Gotthard 62
Sankt Luzius (Klosterkirche,
 Chur) 42
St. Moritz 8 (Karte), 10 ff., 23
 ff.
Sankt Moritzer See 12, 19
Sankt Moritz-Bad 19
Sankt Niklaus 87
Sankt Peter (Mistail) 34
St. Peter und Paul (Andermatt)
 46
Sankt Regula (Chur) 43
Santa Maria (Pontresina) 20
de Saussure, Horace Bénédict
 89
Savognin 31, 34
Schattig Wiehel 57
Schiner, Matthäus 79
Schloss Ortenstein 39
Schloss Rhäzüns 39
Schloss Riedberg 39
Schwarzsee 90
Segantini, Giovanni 10, 15, 44
Seiler, Alexander 90
Selkingen 72, 77
Selva 60
Septimerpass 34
Sedrun 8 (Karte), 57
Sierre/Siders 82
Sigisbert 79
Sils 12, 17 f., 22
Silser See 17
Sils Maria 17
Silvaplana 18
Silvaplaner See 18 f.
Simplon-Eisenbahntunnel 81

Simplonpass 83
Somvix 46, 51
Spiritus Sanctus (Kirche in Brig)
 84 f.
Splügen 38
Stalden 85, 87
Stazer See 20
Steffenbachbrücke 70
Stockalper, Kaspar Jodok 83
Stockalperpalast 84
Stockhorn 90 f.
Surava 34
Surcuolm 49
Surlej 10, 12, 18
Surselva 48 f., 51
Supersaxo, Georg 79

Täsch 88
Tavetsch 60 f.
Tell, Wilhelm 42
Theodulpass 89
Thusis 31 f., 38
Tiefenbach 70
Tiefencastel 29, 34
Tinzenhorn 31
Tirano 22
Toma-See (Lai d Tuma) 61
Trimmis 45
Trun 49
Tschamut 61 f.

Ulrichen 76
Urserental 49, 63, 70
Ursicinus 54

Val Bregaglia 16
Val Fedoz 17
Val Medel 54, 57, 60
Val Sumvitg 51
Valsertal 49
Veltlin 22
Via Mala 39
Vierwaldstätter See 64
Villa Cassel 81
Visp 82, 85, 90
Visperterminen 85

Waltensburg 49
Whymper, Edward 89

Zermatt 8 (Karte), 12, 26, 77,
 82, 86, 88 ff.
Zevreila-Stausee 46
Zmuttgletscher 91
Zuckmayer, Carl 86
Zuoz 17

Bildnachweis

Furka Oberalp Bahn (2/3, 6, 60/61, 64/65, 66/67, 69, 73, 74/75, 77)

Thomas Küstner (8/9)

Kur- und Verkehrsverein St. Moritz (11, 12/13, 18, 19)

Kur- und Verkehrsverein St. Moritz/Max Weiss (14, 15)

Kurverein Pontresina (20, 21)

Glacier Express (23, 27, 40, 47, 48 oben, 49, 51, 56/57, 78, 79, 88)

Rhätische Bahn (28, 32/33)

Klosters Tourismus (29, 30/31, 35, 36/37, 39)

Verkehrsverein Thusis (34, 38)

Chur Tourisme (43, 44)

Clemens Hahn (48 unten)

Disentis Sedrun Marketing/Geiger (50)

Disentis Sedrun Marketing (52/53, 54, 55, 58, 59, 62/63)

Brig Tourismus (81, 82, 83)

Tourist Office Saas-Fee (86)

BVZ Zermatt-Bahn (87)

H. Salzmann, Archiv: Zermatt-Tourismus (89)

M. Cazzani, Archiv: Zermatt-Tourismus (91)

A. Hardmeier, Archiv: Zermatt-Tourismus (93)

Informationen rund um den Glacier Express

BVZ Zermatt-Bahn, CH-3900 Brig
zermatt-bahn@bluewin.ch

Furka-Oberalp-Bahn, CH-3900 Brig
info@fo-bahn.ch
www.fo-bahn.ch

Rhätische Bahn, CH-7002 Chur
contact@rhb.ch
www.rhb.ch